风格餐厅

创业学

全方位解析 18 家特色餐厅经营理念

从品牌定位、空间氛围设计到 menu 规划、超人气料理设计
打造出让人想一去再去的“高回头率经营法则”！

台湾La Vie编辑部　著

Restaurants
& Bistros

18

家

La Vie⁺麥浩斯

SPM 南方传媒｜广东经济出版社

·广州·

U0890265

图书在版编目（CIP）数据

风格餐厅创业学：全方位解析18家特色餐厅经营理念 / 台湾La Vie编辑部著. —广州：广东经济出版社，2022. 4
ISBN 978-7-5454-7817-4

Ⅰ. ①风… Ⅱ. ①台… Ⅲ. ①餐厅—商业经营 Ⅳ. ①F719. 3

中国版本图书馆CIP数据核字（2021）第125025号

版权合同登记号：19-2021-064

项目合作：锐拓传媒copyright@rightol.com

责任编辑：陈念庄
责任技编：陆俊帆
责任校对：罗玉琪
封面设计：李祯涛

风格餐厅创业学：全方位解析18家特色餐厅经营理念
FENGGE CANTING CHUANGYEXUE ：QUANFANGWEI JIEXI 18 JIA TESE CANTING JINGYING LINIAN

出版人	李　鹏
出　版 发　行	广东经济出版社（广州市环市东路水荫路11号11～12楼）
经　销	全国新华书店
印　刷	恒美印务（广州）有限公司 （广州市南沙经济技术开发区环市大道南路334号）
开　本	730毫米 × 1020毫米　1/16
印　张	13.75
字　数	297千字
版　次	2022年4月第1版
印　次	2022年4月第1次
印　数	1~4000册
书　号	ISBN 978-7-5454-7817-4
定　价	72. 00元

图书营销中心地址：广州市环市东路水荫路11号11楼
电话：（020）87393830　邮政编码：510075
如发现印装质量问题，影响阅读，请与本社联系
广东经济出版社常年法律顾问：胡志海律师

目录

Part 1

高人气风格餐厅的品牌经营心法

一家让你愿意一去再去的风格餐厅 2

创业开店的流程与思考重点 4

餐厅的商品力——菜单构成 7

Part 2

四大风格
餐厅／餐酒馆

欧陆风格

PLAN B 欧陆街头市集小酒馆

——非典型餐酒馆　街边更自在的 Fusion 滋味　11

页小馆 RESTAURANT PAGE

——国际菜本地魂　大人小孩都爱的新式 Bistro　23

DOMANI 意式餐厅

——拟人化的品牌设定　打造出优雅洗练的意式摩登风格　33

一号岛厨房 ISLAND 1 kitchen

——开创台菜西吃风潮　职人精神演绎台湾食材 45

Antico Forno 老烤箱意式比萨餐酒

——坚持正统，以传递意式饮食文化为核心　培养出不分国际的高认同度 55

当代混血

Aj' s Wine & Bistro

——活用管理学“五管”：给创业者的理性开店术 67

VG Cafe' Taipei

——料理调酒双冠军团队　令人上瘾的台北微醺夜！ 79

dee 好得生活 ／ 南洋文化餐酒馆

——品尝地道泰菜　徜徉于南洋风情的感官旅行 91

肉大人 Mr. Meat 肉铺火锅

——结合“火锅”与“肉品选物店”概念　精品锅物前锋品牌 103

自然生活提案

URBN culture

——给杂食者的饮食新提案 115

VEGE CREEK 蔬河

——赋予卤味全新形象　有态度的蔬食生活方式 127

孔雀餐酒馆 Peacock Bistro

——以完整的用餐体验传递品牌精神　走出理想与商业的共生之道 139

台味正潮

时寓。

——暖胃也暖心的老宅牛肉面餐酒馆 151

渣男 Taiwan Bistro

——正宗台式小酒馆 满载复古味 161

贰房苑 Living Green

——用品牌设计打造生活美学空间　为台湾好食材发声 171

毛房葱柚锅 冷藏肉专门

——台南本地食材、老屋、温度与美食的传承 183

和兴号鲜鱼汤

——老店新开 创造台南美食小吃新指标 195

特殊用餐体验

惊喜制造 Surprise Lab.

——用一顿晚餐的时间　为都会生活带来奇想乐趣 205

Part 1

高人气风格餐厅的品牌经营心法

一家让你愿意一去再去的风格餐厅

每个人心里或许都有这么一家餐厅——气氛满点、空间舒适，料理能让你由衷地感到满足、美味，那里的人员服务也总是恰到好处，让你时不时会去造访，若有朋友问起一定会推荐给他——这是每个创业开店者的梦想，每个创业开店者一手打造出既符合自己的理想，又能得到消费者认同的、获利稳定的餐厅。

满足开店基本门槛还不够，能否让优势最大化，才是存活下来的关键

根据有关部门统计，台湾地区餐饮业于2018年上半年营收2355亿元新台币，年增4.7%，创近7年最大增幅。随着外食人口的大幅增加，以及网络社群媒体病毒式快速传播，餐馆的数量更呈现逐年增加的态势，但同时，新开店的汰换率也高居不下。因为现在的消费者不但要吃得好、吃得巧，而且在用餐的时间里，最好还能让口腹之欲、心灵上的感情需求，一次全面性地获得满足——因此如果一家店仅仅是做好餐点，已不足以吸引消费者再三光顾；若无法培养出回头客群，仅仰赖新鲜感或折扣优惠，新开店很容易在初期的半年至一年间就遭到市场淘汰。在竞争激烈的红海中，要想存活下来，就必须想想你的市场优势是什么，如果没有，就应该考虑如何取得优势，甚至是自己开发一个全新的利基点。

品牌化经营思维：确立定位，打造独一无二的品牌风格

作为餐厅经营者，单单计算翻桌率、客单价，做价格竞争已不再是获利的万灵丹，在一个消费者愿意花更多钱换取更好的饮食品质的时代，更重要的是先找到自己的定位。若能将一家餐厅当作一个完整的品牌来经营，确立出品牌的核心价值，再逐步发展出自家的风格特色——让餐厅的每一个环节，从菜单设计、餐点规划、空间氛围、餐酒搭配到服务方式，都成为塑造品牌价值观的一部分；而定位、风格越明确，越能吸引到一群和你拥有相同价值观、认同餐厅理念的死忠客户，形成稳定而正向的获利模式。

创业路上的大魔王：开店后的维系营运

当然，好的餐饮形式与服务会被同业模仿复制，开店后市场上也许很快就会出现同质的竞争者，而且消费者需求向来多变，喜爱新鲜的事物。在好不容易将理想中的餐厅创办出来后，如何长长久久地经营下去？面对市场的变化冲击，经营者能否一边维持一定水准的服务，一边确保人力、食材、餐点的品质稳定，与消费者培养出有黏着性的互动关系，同时在各个层面上持续提升、创新，让餐厅品牌与时俱进地成长、发展和进化，才是创业路上最困难和最重要的坎。

从经营品牌的角度思考，不要短视近利，餐厅的生命才能长久。除用餐之外，一家好的餐厅能带给消费者更多的感动与附加价值！

创业开店的流程与思考重点

本书精选中国台湾18家定位精准、风格强烈，深受消费者好评、营运状况稳定的餐厅 / 餐酒馆，在一次次的深度访谈中，每位品牌经营者都将自己的失败与成功的经验大方分享给想投身餐饮领域的创业者，我们将从餐厅品牌建构、发展过程的三大阶段——**创业前**、**创业初始**、**品牌成长期**，详列出每个阶段的思考重点以及开店、菜单构成的流程介绍。

创业前

思考重点

- ◆ 仔细思考自己创业开店的初衷：要传达的价值观是什么？
- ◆ 每天询问自己：是否真的要做这件事？理由是什么？
- ◆ 是否已经拥有足够的专业技能——料理专业技术与外场服务、管理营运经验？如果不足，如何补足？自己缺乏的部分，若是想以招聘人力进行，你能管理自己不熟悉的领域吗？

建议

- ◆ 不论你原先在哪一个领域学习 / 工作，前辈们建议最好累积一定的工作经验后，再行创业开店。一方面，可以多累积人脉，拓展自身视野；另一方面，所有在职场上累积的经验和生活体验，都会成为你日后创业时的养分和解决问题的应变能力。
- ◆ 餐饮业的真实情况是日复一日的实战工作、体力活，每天都要面对不同消费者的情绪反应，因此确定自己真的适合这样的工作性质后再开始投身餐饮业也不迟。

创业初始

思考重点以及流程

- ◆ 列出一家或数家你心中理想的模范餐厅，思考整理出此品牌的优势或成功关键，看看你可以学习复制的地方有哪些。
- ◆ 进行市场观察与调查，决定餐厅 / 品牌的核心概念，列出竞争对手，找出你的市场定位及利基点。

⬇

- ◆ 餐厅类型与规模设定——店面大小、目标客群、营业时段、翻桌率是高或低（具体公式见注）。
- ◆ 制作创业计划书与预算、损益表。
- ◆ 资金的筹备（创业资金 + 营运资金 + 周转资金）。

注：

目标营业额＝单笔客单价 × 单日来客数 × 每月营业天数

单日目标营业额＝预想客单价 × 单日来客数

单日来客数＝座位数 × 翻桌率 × 座位使用率（一般餐饮业约为 70%）

⬇

- 寻找店面、空间装修。
- 菜单的建立。
- CI 或 LOGO 规划，menu、名片等周边小物设计与制作。
- 招募人力。

⬇

- 开始经营营销 / 活动 / 社群媒体，开幕宣传。
- 正式开业前的员工训练，确认所有营业事项。
- 设定试营运期，检讨调整不完善之处，正式开幕。

关于资金的建议

- 开店的规模大小会影响你所需的创业资金多寡，所以尽可能让所需资金到位，建议准备至少三个月至半年的营运资金，以避免刚起步即面临周转不灵、被钱追着跑的窘境。
- 付款条件的设定与周转资金：消费者付款是否只收现金？支付给厂商的货款是 30 天期、60 天期还是 90 天期？现金流管理非常重要，最好还是备有一笔预备周转资金，假设营收不佳还有周转资金可支付所有支出，度过危机。
- 要独资经营还是与人合资？合资是单纯借款、调度资金，还是邀请对方入股？股东对于店面经营方向是否有权介入，建议用白纸黑字的合约写清楚。
- 外部资源——政府辅导补助贷款：除了向亲友借款、找股东入股外，政府推出的创业补助贷款也是很好的资源，例如各种启动金贷款、台北市青年贷款、微型创业凤凰贷款……申请条件与金额各不相同，但大部分是针对已创业者所设立的。

关于人事的建议

- 作为初次创业者，开店大小事最好都亲力亲为，以便于管理，或日后有任何问题、漏洞发生时，你必须是最了解状况的人，如此才能立即反应处理。
- 不少餐饮创业伙伴是主厨与营运经理的组合，尊重彼此的专业、建立平等的信赖关系才能长远合作。

关于营销的建议

- 不要想着讨好所有人或是一次性满足各种市场需求，专注做好自己的小众市场，先获得核心消费者的认同，如此自然会形成良好的口碑。好的用餐经验被分享，渐渐扩大至不同的消费族群是最自然而有说服力的营销模式。

- 善用外部资源，例如线上订位 / 订餐系统、美食 APP，或是与网络餐饮服务平台合作，增加曝光度与来客率。

综合建议

- 开业后，可视市场反应与营运状况，调整餐点方向和资金支出的比例，但切记不能牺牲餐点与服务品质。
- 不论规模大小，作业流程 SOP 的设立都是必需的，从而便于管理、执行，确保餐点与服务的品质。
- 规划厨房空间时，请将安全性、食品卫生管理的需求一并纳入，如工作动线、食材保存所需设备的空间等。
- 最后，在规划蓝图里没有绝对，观察市场脉动，找出适合自己的方式，留下能调整的弹性。

品牌成长期

思考重点

- 品牌优势或成功的关键在于服务附加价值、商品独特性、定价策略、营销模式，从这些点检视自己的不足之处。
- 是否能提供给消费者更高的服务附加价值？
- 是否要扩大服务范围或转型？例如增加外送或制作料理包、提供外烩服务，或是提高餐点品质与客单价，转型成更加精致的餐厅品牌。
- 是否要进行新的餐饮品牌或开发商品线 / 服务？

建议

- 营运进入稳定期，维持服务与料理商品的良好品质为第一要务。
- 一般个人创业者在初期为减少支出，通常会一人饰多角，经营、管理、营销通通自己来，但当品牌规模渐长，对外的品牌形象和营销语言越显重要，营销经营的支出 / 人力须视为必要项目。
- 若要设立分店，可先评估自己的餐厅风格与餐点形式，了解在进入不同的地域或营运系统，面对完全不同的客群与市场需求时，是否可行。例如经营街边店和进驻百货专柜，台北和台南的店面，皆有其各自的市场模式，很难一套打到底。其次是资金规模、管理系统、中央厨房配送物流的建立，都须一次到位。
- 餐饮业人员流动率高，工作辛苦、要做大量的体力活是原因之一，另一个原因是通常较难有好的升迁机会。故当你的品牌稳定成长时，经营者须思考对于员工未来的规划和培育，让人才可以为品牌发展发挥积极作用。

餐厅的商品力——菜单构成

菜单可以彰显你和其他店家的不同之处，是你最明确重要的商品力（附加价值）。料理开发流程与价格、品项的设计重点如下：

料理开发的重点

- 食材特色——本地、当季、限量、有机、健康等。
- 感官上的刺激——分量感、摆盘设计、特别的桌边服务、香料的使用、制作料理过程中散发的香气。
- 设计本店独家的招牌料理——一组“来店必吃”的特色套餐，或是 3 ~ 5 道招牌料理饮品，要和其他餐厅有差异性。
- 辅助性的菜色定期更换，计划更换频率（季节性、每日或期间限定）。
- 招牌料理的宣传方式——社群媒体、店内醒目的告示（小立牌、单张菜单、小黑板）、服务人员的推荐、餐酒搭配、套餐设定、优惠活动等。

料理价格制定要点

- 成本——食材、人力、水电煤气等。
- 周边餐厅、市场的行情价格。
- 若想制定比周边行情还高的价格，是否创造出相对应的价值感？

菜单的建立流程

餐厅的核心定位确认

⇩

发展菜单的概念

⇩

列出构想到的菜色

⇩

实际试做

⇩

料理成本计算

⇩

制定出客单价与单品料理的价格

⇩

调整菜单架构、举办试吃会

⇩

思考分量、价格和料理名称

⇩

决定料理的数量

⇩

制作菜单

⇩

编制食谱（SOP）

Part 2

四大风格

餐厅／餐酒馆

欧陆风格

PLAN B
欧陆街头市集小酒馆

非典型餐酒馆
街边更自在的 Fusion 滋味

意外机缘下开设的 PLAN B，如其名般不按牌理出牌，打破餐酒馆的既定印象，以 Bistro 餐饮模式，结合欧洲城镇中常见的露天市集概念，让用餐体验更惬意自在！

文・陈慧珠　摄影・张艺霖　图片提供・PLAN B

PLAN B 欧陆街头市集小酒馆

店址／台北市大安区敦化南路一段 187 巷 46 号 1 楼
电话／ 02-2731-0855
Web ／ www.facebook.com ／ planbtaipei ／
营业时间／周一至周六 14:30 ～ 24:00
周日 14:30 ～ 22:00
目标客群／ 20 ～ 40 岁的消费者——大学生、上班族、品酒爱好者

人来人往的台北敦化南路巷弄，正是餐酒馆的一级战区，各种店招竞相展示。密密麻麻的店铺中有一小段灌木绿植空隙，两座老旧橡木酒桶稳稳立在古铜镂空门栏边，刻着“PLAN B”古典字样的弧形厚木板，像极了酒桶上等待细细阅读的酒标，让人错以为行走在欧洲某个街头转角。Jo（王嘉钦）和Bokey，20多年前分别在东区开餐厅起家，多年后一个成为大学餐饮系教授兼经营顾问，一个则成为打造多家热门餐厅的主理人。两人因缘际会成为工作伙伴，回到两人事业起点所在，用PLAN B开启第二人生精彩B计划。

从“一家店”到“一个品牌”的思考

PLAN B的成立过程和许多店不太一样。现任房东原有开店计划，主动联系已成功经营多家不同类型餐厅的Jo和Bokey。两人看到这片空地后很感兴趣，“大部分有户外空间的餐酒馆都开在郊外，在台北市中心他们有如此环境真的不容易”。敏锐的直觉让他们有了结合欧陆街头市集的初步想法。他们说服房东以入股方式合作，将空间租给两人实现构想。这个计划之外的发展，两人决定以“PLAN B”为名，也作为更大计划的起点。Jo表示，“将这里定位成欧陆街头市集，未来还想延续更多有趣的结合，发展PLAN C、PLAN D，创造出品牌，不再只是做个单一的餐厅”。

A PLAN B 将旧橡木酒桶改装为户外用餐的桌面，让人仿佛置身欧洲街头的小酒馆，轻松自在地享用美食。

B、C 周五晚间不时安排萨克斯演奏，或邀请魔术师于桌边表演，主动给顾客创造惊喜。

质与量的平衡挑战

尽管两人餐饮经营经验丰富，但开一家新店对他们来说仍不免有挑战。“我们预想PLAN B的客人是大学生、上班族等年轻族群，开店后却意外发现一些高消费的族群也会来。另外，夏天时坐在户外的几乎都是外国客人。”当开店前的定位与实际营运状态出现差异时，各方面皆须跟着现实情况进行调整，从客层单价到菜单设定，餐厅花了半年时间才慢慢达到最佳状态。“最大的改变是产品的‘质’变得比‘量’更重要。”Jo表示。

呼应街头市集的闲适，每天下午时分开始营业正好适合午后想吃点小食的客人；接下来，大学生或上班族的聚会在晚上开始，PLAN B格外重视情境气氛塑造，特别规划周五晚间的萨克斯现场演奏以迎接周末。同时不定时邀请魔术师来表演，争取在客人短暂的用餐时间里，主动创造惊喜，尽量带给用餐的客人一段快乐轻松的时光。

多样性的料理品项，满足不同需求的客群

决定街边餐酒馆的形态后，餐点方向两人也打定主意“不走特定菜系、不做套餐”，以Fusion欧陆混合料理为主轴，融合国外街边小吃的特色。“现在的消费者忠诚度低，追求新鲜感，所以店家也要一直有所转变。好吃已经是最基本的，视觉上也要让人有惊艳的感觉。”一句话道出现在经营餐厅的关键和最大挑战。PLAN B不断尝试做出与别人不同的特色餐点，新菜色推出频率高，选项从主食、饭面、小食、沙拉到肉盘一应俱全，大分量还能多人共享，满足年轻客群口袋可能没有这么深，却想一次点多道料理的尝鲜心理。

另外，因为客人中不乏高消费族群，而酒类搭配也是PLAN B的强项，加上空间氛围到位，所以吸引了不少酒商或品酒同好常在此举办品酒会。当我们翻开厚厚一本酒单时，会看到比利时现压生啤酒、金色三麦系列啤酒，以及不同品种风土产

区，酒庄的红、白酒，跨度之广出人意料。户外吧台有调酒师自行变化调酒，满足不同客层的饮品偏好。

D、E 室内空间以红砖墙、原木酒箱堆叠，加上自家收藏的老件家具，营造出古老的欧洲酒窖的氛围。

空间风格转化，兼具开放与私密感

PLAN B在空间规划上，会顺着环境本身条件的优势，从欧陆街头市集情境出发来做构思。两人甚至连设计都不假他人之手，找人根据构思画好施工图，再请熟悉的工班施工，因此从企划到现场装潢完成只花了一个半月。

户外露天座位区设有一道可收纳的纯白遮阳篷，随着日光气候变化或收或开，让人悠闲享受白天的阳光与夜晚的徐徐凉风。自户外吧台走入室内时，气氛瞬间转变，眼前的弧形拱廊贯穿整个用餐空间，红砖墙、原木酒箱堆砌……仿佛自喧闹的市集走入古老的欧洲酒窖中。“我们很喜欢欧洲建筑随时间累积所呈现的历史感，因此在室内的装修上没有很大的变动，借由收藏的老件进行改造陈列，例如让老家具展现其纹理质地，自然而然塑造出时间的流逝感。”

空间之外，声音也赋予了餐酒馆不同的表情。平时白天主要播放与客群年龄层有较多共鸣的西洋流行乐，并随着每天用餐时段不同而转换；到平日夜晚或周末，则会换成轻快的Jazz（爵士乐）和慵懒舒适的Bossa Nova（巴萨诺瓦）。

理想与现实的拉扯，坚持正面思考是不二心法

Jo回想整个开店过程："Bokey学美术出身，因此装潢就交给他，他有他的美感。至于营运管理的流程，他就不会多说一句。"彼此分工清楚也互相尊重信任，合作起来自然流畅快速。Jo也打了个有趣的比方："Bokey是开拓者，往前探勘，找场地找资金；我则是拓荒者，把树砍掉，在里面开垦。"

针对时下许多人想创业的热潮，担任餐饮经营顾问多年的Jo分享了切身经验："通常初期会有一段挣扎磨合期。资金一定要先到位，边营运边被钱追着跑是很痛苦的，影响心情，连带影响整个餐厅的餐点或服务品质。"店开成了，人事运营还是一大哲学。"PLAN B工作人员都很年轻，一定要跟员工一起学，一起操作。让员工相信上位者有真材实料，这样被管理时才会服气。"Jo侃侃而谈，当一切渐渐走上轨道时，还有考题需要面对。"实际开店后，思考绝对要正面。刚起

没有百分之百赚钱的餐饮品牌，服务跟餐点品质是不能变动的重要核心

步时赚不到钱，很多人会开始担心做不下去，想偷工减料。当你开始缩减人事或物料的投入时，心态只会沉沦。服务跟餐点品质绝对不能变，要比人家好。"Jo说得实际而直接。

"而维持自身特色和主力产品，其实是最难的。"Jo谦称，即使到现在，PLAN B也还在创造中。其实PLAN B本来也是新起点，接下来的路上还有很多机会让两人颠覆传统和进行创新。

F 厨房团队与Bokey（右）。

G、H PLAN B的酒类品项丰富，从现压生啤酒到不同品种风土产区，酒庄的红、白酒，还有户外吧台区，由调酒师坐镇，提供创意调酒，满足不同客层的饮品偏好。

G

H

PLAN B 的创办人（左起）Bokey、Jo 与经理。

PLAN B 欧陆街头市集小酒馆 三大独特特色

01

餐酒馆风格定位以台北市中心少见的露天形式为主，结合多元的音乐表演或活动，如户外BBQ 派对，将欧洲城镇中常见的广场市集氛围带入店内，提供更惬意的餐饮体验。

02

无套餐设定，菜式混搭不同菜系，设计多道适合多人共享的餐点，较一般餐酒馆更丰盛，满足团体客聚会的需求。

03

室内拥有如欧洲酒窖般的氛围，且可区隔出私人包厢空间，加上酒藏丰富、酒的选择跨度广，是举行品酒会的绝佳场地。

01

蓝色夏威夷特调

NT$280

PLAN B 酒单上的今日特调，调酒师不定时推出新酒单。以改良 Long island 为基底，加入蓝柑橘酒、水蜜桃酒跟柳橙糖浆调和。口感像黄蓝对比酒体，个性强烈。

02

玫瑰荔枝特调

NT$280

熟客限定特调，以伏特加为基底，混入荔枝酒，点缀柠檬汁带出清新质地。加入胭脂莓果唐宁茶，渲染清透粉调色泽。口感酸甜顺滑，新鲜玫瑰花瓣，酒香花香迎面双重嗅觉享受。

PLAN B 欧陆街头市集小酒馆

Signature Dishes

03

比利时
时代生啤酒 Stella Artois

330ML NT$220、500ML NT$280

最畅销的鲜酿拉霸生啤酒，以专属冷冻酒杯盛装，啤酒花轻巧，清新麦香夹带些许果香气味，不论男性女性都相当喜爱。搭配风味浓郁的拼盘或肉类餐点，相得益彰。

04

路易国王豪华烤肉拼盘

NT$880

分量充足的四大天王肉盘，家庭用餐、三五好友聚会必点，客人指名率最高！一次能品尝到多种肉品与口感风味，与生啤酒是绝配。拼盘里有微辣肯郡香料腌渍鸡翅，油脂丰厚的烟熏樱桃鸭，先以酱汁腌渍入味再烤的剥皮辣椒鸡肉卷，主厨严选的意大利籍职人手工制作的、以后腿肉为主、脆口扎实的香料肉肠。仅此一家，别家吃不到这种特殊风味。

05

剥皮辣椒鸡腿肉细扁面

NT$330

这道招牌意大利面，主厨尝试了多种中式食材，最后才选定以花莲剥皮辣椒入菜。先将鸡腿肉以低温舒肥至内外软嫩多汁，再以剥皮辣椒和酱油煸炒出咸香诱人的特制酱汁，最后加入宽的细扁面，让面体吸附饱满酱汁。高识别度的特殊滋味，深具记忆点。

06

烤牛肉温泉蛋沙拉

NT$380

水分饱足的萝蔓混合口感微辣的芝麻叶，再铺上主菜——Choise 等级的烤牛肉及水波蛋，之后随意撒上腌渍黑橄榄。品尝时，轻划开半熟的蛋黄，浓稠的蛋汁就着香嫩的牛肉入口，拥有多层次香气和食材口感，值得细细品尝。

PLAN B 欧陆街头市集小酒馆

OPEN DATA

单位：新台币

营业基本DATA

每月目标营业额：200万元

店面面积：120坪（约397平方米）

座位数：120个

单日平均来客数：150人

平均客单价：500元

每月营业支出占比

- 店面租金：15%
- 水电、网络：5%
- 食材、酒水成本：30%
- 人事：30%
- 营销经费：10%
- 杂支：5%
- 空间、设备折旧摊提：5%

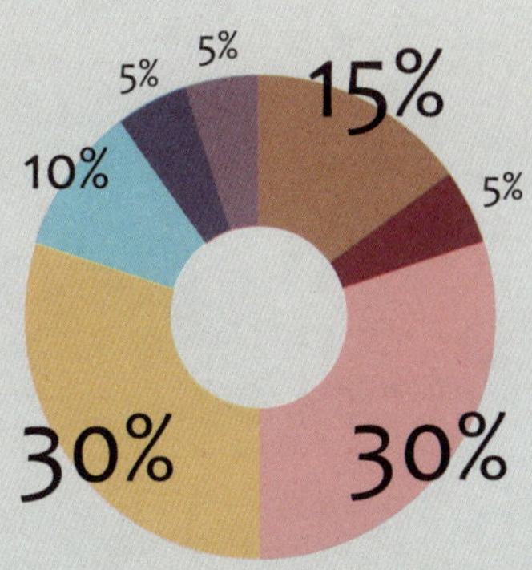

开店基本费用

筹备期：筹备企划期3个月
建置期1个月

房租、押金：36万元

预备周转金：200万元

空间装修费用：250万元
（包含改结构、装潢费用和设计费）

家具软件、餐器用具费用：100万元

厨房设备费：100万元

初期料理试做费用：10万元

CI或LOGO规划、menu等周边小物设计与制作费用：20万元

营销物资费用：初期10万元，营业时每月2万～5万元
（网络营销经营）

每月营业收入占比

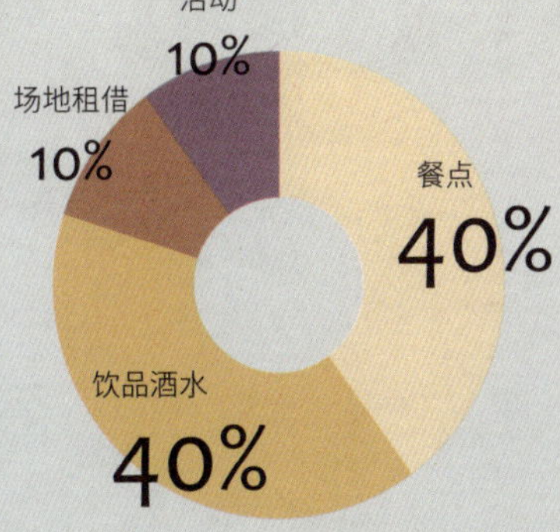

MICHELIN
GUIDE
TAIPEI

欧陆风格

页小馆 RESTAURANT PAGE

国际菜本地魂
大人小孩都爱的新式 Bistro

以书页为名，
页小馆自诩做料理的说书人，
这个获选2018台北米其林
指南餐盘推荐的餐馆，
坚持原创精神，不拘一格，
解构国际餐食，
以本地文化入菜，轻松享食，
吃得到故事与趣味。

文·吴书萱 摄影·张艺霖

页小馆 RESTAURANT PAGE

店址／台北市中山区北安路 595 巷 20 弄 4 号 1 楼

电话／ 02-2532-8003

Web ／ www.restaurant-page.com
www.facebook.com ／ restaurantpagetaipei ／

营业时间／周一至周日 11:30 ～ 14:30、17:30 ～ 21:30

目标客群／ 28 ～ 40 岁的消费者——美食爱好者、家庭客群隐身在台北大直热闹街区的安静巷弄里，大片纯白玻璃窗框是页小馆的识别标志。2016年页小馆在此敞开蓝色大门，也开启了台北Bistro小馆的新篇章。页小馆的“页”指的是“书页”(Page)，“每一道料理都蕴含着故事”，小馆第一页这样起头。自诩为“说书人”的是掌勺的蔡斌翰和主理品牌营销营运事务的Norman，一个主内一个主外，背景相异的两人却是最佳拍档。

清楚自己的定位，
专注一致

蔡斌翰，正统餐饮科班毕业，经过多年顶级饭店历练，曾在专门学校教授料理，却无意于在Fine Dining（高级料理）的金字塔里争锋，“在料理的世界里，不是只有在Fine Dining的领域中获得第一名才是最好的”。料理做得再极致，如果无法让身旁家人理解、享受，似乎也没有意义。因此他回归烹调者的初心，放下精修究极的执念，只想打造一个能提供“不论是谁，皆能轻松共享、品味的美好用餐经验”的空间。酝酿此想法时，恰好与同在一个厨房工作、音乐人出身的Norman理念相通，两人便决定合伙创业。

选择开店地点时，他们避开一般商圈，想与人声鼎沸的繁华都市保持“刚刚好”的距离，目标是生活氛围浓厚的区域。“机遇问题再加上各种营运考量，先前在找点上花了不少时间，最后落脚大直，我们觉得这个社区很理想，虽然人流没有闹区大，但本地客群特质与我们的设定一致，又有邻近的内湖园区和新兴移居家庭的尝鲜客。”Norman表示。因两人积累了丰富的餐饮经验，资源设备自然不成问题，菜单的设计也早已在脑中酝酿成熟。两人一致认为“品牌定位”才是最需要考虑的事情。“定位一定要清楚，仔细衡量自己才能有效运作。”Norman念兹在兹，策略脉络蓝图如今还划记在餐厅墙面上，时刻检视作为。

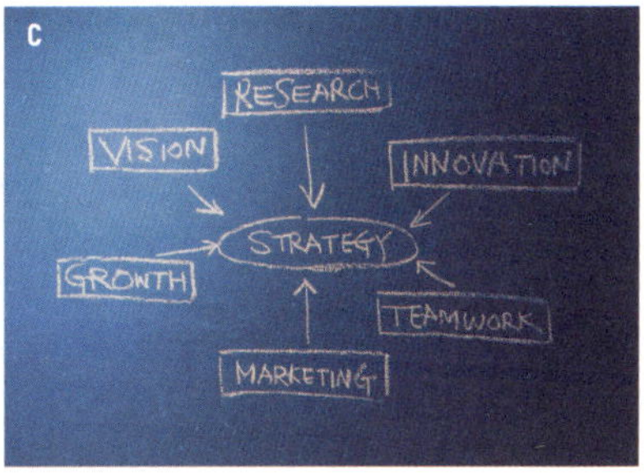

A、B 页小馆以抢眼的蓝作为空间主色，由外至内调性一致，如今这个蓝已成为其品牌最大的视觉标志。

C 两人将最初思考品牌定位时的脉络蓝图画在餐厅的墙面上，时刻提醒自己。

新解台西料理元素，原创吃出文化趣味

“优雅但可以不拘一格，用餐感到轻松，还能吃得到文化、趣味。”蔡斌翰为页小馆定下料理主轴。他钻研出的“台味西菜”，不走咬文嚼字的手法，撷取生活灵感，活用台湾本地食材，借着扎实的西式烹调技法底子重新诠释，翻搅出火花四溢的新料理意象。“不是为了特别而特别，但我们想做在别的地方绝对吃不到的属于页小馆自己的味道。”蔡斌翰解释。代表作“桶仔桂丁鸡炖饭”源自主厨一次食用台湾乡间桶仔鸡后有感，于是起心改造，利用低温烘烤，锁住桂丁鸡特有的清甜，再将浓缩的鸡高汤油脂炖煮米饭，随时节搭配鲜蔬，秋冬是栗子，春夏则用鲜笋或茭白笋，意式炖饭的道理不变，品味的却是本土风情，加上大手笔选用小半鸡，视觉分量格外满足。

D

E

另一道广受欢迎的下酒菜“黑白切”，以台式食材打底，却拌入法式乡村菜灵魂，油封后的内脏以鲜爽沙拉呈现，佐芥末籽酱与咖喱白花椰，别有滋味。“在菜单结构上，我们试图模糊主菜、小食和面饭的界限，希望打破正统西餐一人一份、一次一道的格式，页小馆鼓励共享，做到满桌的丰盛澎湃。”Norman解释。不仅如此，餐桌上还提供筷子，方便客人们食用，也拉近食物与人的距离。蔡斌翰说：“何必局限于用餐方式，大家能自然享用美食岂不是更令人开心？”

以日本酒作为主打，提供全新的餐酒经验

页小馆也打破人们对西餐佐葡萄酒的普遍认知，Norman大胆选用日本酒作为餐酒主力。“从我们的定位延续而来，日本酒以米为本，与台湾文化相近，又和原创料理风格搭出新意，尽管可能有风险，但觉得是充满机会的蓝海，值得一试。”饮食发展精进变化，日本酒的口感滋味早已多元丰富，Norman特别崇尚创新翻转精神，他精选的日本酒品牌多由第二、第三代经营，不仅从酒标设计就能感受到新鲜的气息，页小馆更特别提倡使用葡萄酒杯来品尝，让酒体的香气表现更加鲜明。

酒单上的一大亮点还有精酿啤酒，收罗了丹麦、瑞典、英国、日本和中国台湾的私家口味，幽默的命名如“舞棍阿伯”“耳朵痒痒的”等，入口之前便为客人带来许多想象乐趣。页小馆保持开放心态，不时跟葡萄酒展、餐酒推广组织合作开展活动，加强营销力度，提高知名度。

F

五感全开，细腻服务抓住熟客的心

除了有形的产品力，页小馆也注意无形体验的影响力。首先，设置开放式的厨房，食物香气自然发散，诱惑饕客。再者，用餐时的背景音乐——Norman对店内播放的音乐非常讲究，他会观察每一天不同时段的天气、来客族群和气氛而决定播放的音乐类型，“轻快的午后是西洋流行乐，熟客多的时候会放Jazz（爵士乐），吵闹的晚上只要来点House（浩室音乐），大家就会立刻悄声下来，我非常相信声音与气味对场所的影响。”

D Norman因有音乐人背景，因此非常注重用餐时的背景音乐，会随时观察来客性质与当下气氛，机动性更换音乐类型。店内角落也加入了与音乐相关的陈列和装饰。

E 页小馆打破西餐佐葡萄酒的普遍认知，大胆选用日本酒作为餐酒主力。

F 页小馆极重视团队合作，开店前即组成基本班底，至今少有变动。

而对于餐饮业常见的服务品质问题，页小馆则预先做准备：“开店之前，我们就已经组成团队，有了基本班底，彼此之间很有默契，我认为这是创业成功的一大关键，营运至今我们几乎没有人员流动。”从厨房转至外场，Norman自谦仍在努力学习：“一般Bistro给人的印象比较有个性甚至带点冷傲，那不是我们的风格，我是以招待自己朋友用餐作为标准，友善亲和，不带压力也不刻意讨好，我会要求同仁在互动时记得客人的喜好习惯。”看的是长远而非当下，页小馆在网络上几乎一片好评，熟客比率稳定，且跟本地社区建立起了情谊。“很多我们的客人都像朋友一样，事业有成的他们还会与我分享成功之道。服务为我们创造口碑，是我们很珍惜的价值。”

面对米其林肯定光环，更需自我检视迎接新挑战

看似顺利的创业过程，实际上背后是鸭子划水。即使已经比餐饮门外汉多了经验少了失误，两人仍旧兢兢业业。“前期的装潢、CI设计甚至房屋修缮都得自己来，像是空间硬体设备还有很多不足之处，在资金有限的状态下，也是要取舍，衡量轻重缓急。”Norman表示，度过新开店蜜月期后，页小馆正经历成长突破关键时刻，“我们一直在分析检视，思考营运，调整菜单，挑战是如何维持既有风格又可创造新意。”获得2018台北米其林指南的餐盘推荐无疑是一大鼓励，像是为品牌封面烫上金章，但Norman和蔡斌翰觉得要带领团队的责任更重了些。“创业这条路，永远没有准备好的时候，不如先做再说，要面对的是自己，就是专心做好。”100%投入，持续专注于细节，页小馆的下一页未完待续。

创业这条路，永远没有准备好的时候，唯有进化再进化，才是长远经营的王道

G

H

G 获选2018台北米其林指南的餐盘推荐对页小馆而言是肯定也是督促，是蔡斌翰（左）和Norman（右）更精进的力量。

H、I 在开店初期资金有限的情况下，空间装潢、设计也许难以一次到位，建议可以阶段性修整。

页小馆 RESTAURANT PAGE

三大特色

01

以深厚的料理底蕴，让地道的台湾味展现新样貌，打造出专属于页小馆的原创料理，网友大推还带外国友人来用餐。

02

餐酒服务以日本酒为主轴，精选与原创料理相搭酒款，让饕客们能体验到全新的米食文化。值得一提的是，虽是日本酒，这里却特别提供葡萄酒杯品饮，好让每款酒的特质能被完整品尝。

03

打破传统西餐拘谨的用餐模式，提供轻松自在的环境，并特别设计无酒精饮品，不论是带着长辈或是小朋友的家族聚会，或是三五好友的聚餐都很合适。

页小馆 RESTAURANT PAGE

Signature Dishes

01
桶仔桂丁鸡炖饭

NT$460

解构传统炖饭做法，选用台湾桂丁鸡低温烘烤，将鸡汁油脂回拌烹煮炖饭，鲜美香甜滋味完整保留，搭配季节时蔬，视觉分量满足的饭食料理。

02
烧烤猪肋排

NT$780

受朋友启发，肋排涂上绍兴酒、辛香料、苹果等酱料后烘烤，香气四溢，搭配台湾的腌萝卜小菜，解腻清甜，吮指回味。

03
蒜味薯条
沾香葱鸡汁美乃滋

NT$120

香炸酥脆的薯条，沾裹九层塔、台湾口味胡椒盐、蒜、洋葱和青葱混制的酱，是西式薯条与台湾香料的绝妙组合。

05
炭烤本港现流软丝

NT$380

撷取于本地的新鲜食材，简单与芝麻叶混拌，加上柠檬清香，也可佐自制的腌菜，直接鲜明的口感，清新爽口。

04
鸡腿串烧

NT$130

佐酒良品，去骨鸡腿串经自制腌酱入味再烘烤，表面焦香，肉质软嫩，好似台湾夜市的炭烤串，一口吃尽有趣文化。

06
Mocktail
自制果酱气泡饮料

NT$180

特调的饮品以气泡水为基底，加上自己现熬的果酱，层次视觉具备美感，清新健康，专为小孩、长辈所设计。

OPEN DATA

单位：新台币

营业基本DATA

每月目标营业额：80 万元

店面面积：38 坪（约 126 平方米）

座位数：40 个

单日平均来客数：35 人

平均客单价：780 元

每月营业支出占比

- 店面租金：10%
- 水电、网络：5%
- 食材、酒水成本：38%
- 人事：36%
- 营销经费：0.7%
- 杂支：3%
- 空间、设备折旧摊提：7.3 %

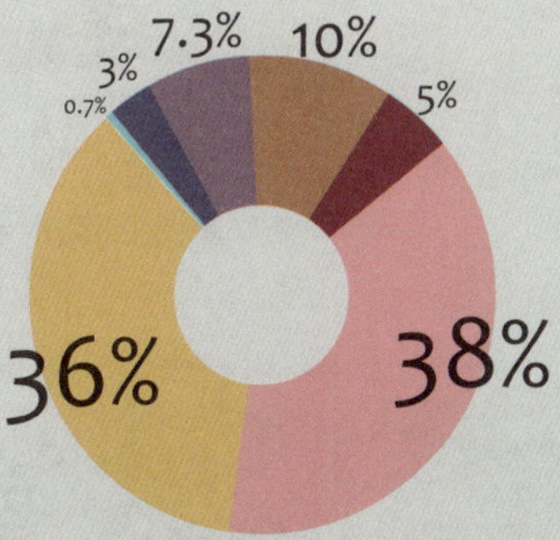

开店基本费用

筹备期：10 个月

房租、押金：5.8 万元、17.4 万元

预备周转金：10 万元

空间装修费用：160 万元
（包含改结构、装潢、设计费）

家具软件、餐器用具费用：20 万元

厨房设备费：180 万元

初期料理试做费用：0 元

CI 或 LOGO 规划、menu 等周边小物设计与制作费用：1000 元

营销物资费用：2000 元
（网络营销经营）

每月营业收入占比

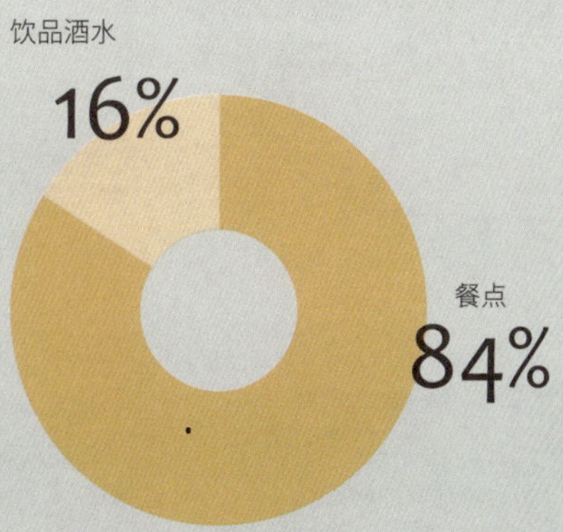

DOMANI 意式餐厅

拟人化的品牌设定
打造出优雅洗练的意式摩登风格

当拥有充足资源的企业体，
跨足竞争激烈的餐饮市场时，
会以什么方式呈现呢？
隶属忠泰集团的DOMANI，
以当代设计的氛围，严选食材
烹调出意式料理的精髓，
做出没有连锁样板的新形态。

文·王涵葳　摄影·张艺霖　图片提供·DOMANI 意式餐厅

DOMANI 意式餐厅

店址／台北市大安区建国南路一段 65 巷 7 号

电话／02-8772-3355

Web ／ www.domanitaipei.com

营业时间／周一至周日 11:30 ～ 15:00、17:30 ～ 22:00

目标客群／下班后聚餐约会的白领、餐叙的商务人士、周遭邻近的家庭客群

意式餐厅DOMANI位于住宅群的一楼，没有横亘的道路、穿梭的车流，邻近大学学区，静谧的气氛让这里自成一体。作为建设集团旗下的餐饮品牌，源于老板对于建筑——“家的容器”的延伸想象，开始思考着不同发展的可能性。从建筑硬体延伸出的生活事业体，除了引进设计家具、为内装添入温暖气息，与生活息息相关的，莫过于吃饭这件事，开餐厅的引线由此燃起，运用企业内的腹地空间、人才资源、设计品位，统合资源，集大成于DOMANI之中。

A

B

黄金阵容：
主厨与调酒师的内外分工

这个餐厅并非忠泰集团的首次尝试，多年前其就以欧陆菜系为基底的“MOT/KITCHEN”，在市场中产生了不错反响，如今延续厨房老班底，由主厨陈星同打造出全新体系；DOMANI的另一个重要人物则是身兼营运及酒单饮品统筹的Matt，其在业界有着丰富经历，除了曾获世界调酒大赛的亚军殊荣，还操刀过不少店家规划，更有着自己的餐厅Pico Pico，他经由内部推荐，加入忠泰集团的餐饮事业部，为DOMANI运筹帷幄。

在定调为意式餐厅后，随即而来的命名让营销团队思量许久，在以生活产业为主轴之下，最终采用意大利文DOMANI“明日”之意，语言及含义都贴合餐厅理念。

经营型态与来客样貌的关联性

DOMANI即便身处台北的心脏地带，座位数却不多，不以坪效①作为最主要的考量，保留桌间适当距离而不拥挤，让人在店里拥有放松愉悦的吃饭时光。谈起餐厅定位的雏形，Matt分享了最初的设计图。该设计着重隐私的规划，进门是三个

A 位于豪宅建筑群的一楼，招牌在暗色调中以金色字体，画龙点睛而出。

B、C 选用多款自家代理的设计名品，从灯具到家具为空间气氛增添摩登风采。

独立包厢，厨房则安排在二楼，经由菜梯送下餐点。这与现在的经营定位有着天壤之别，而当中的转折，来自Matt对餐厅的经营形态以及人力需求的考量：全包厢的来客需求非常态性，不管在空间使用率上还是服务的人力安排上，都会造成成本浪费，故向老板提出建议，从最初以私密性为主的空间概念，转化为如今的开放式空间及厨房，为店内带来流动的生气，不再局限于服务单一特定客群；二楼则改为独立包厢，同时保留了最初设定的私密聚餐的功能性。从带有封闭感的格局调整为开放性的空间，为 DOMANI带来了更多元的客流。

以拟人化的角色设定，塑造出餐厅的独特气质

只要来过DOMANI用餐，餐厅在空间设计上的细腻安排定会给你留下深刻印象。在规划之初，设计团队抛出一个具有想象力的问题：“如果DOMANI是个人，会有什么样的个性？‘他’应该是一个品味生活的绅士，喜好沉稳而低调的事

① 坪效，台湾经常拿来计算商场经营效益的指标，指的是每坪的面积可以产出多少营业额，一坪 =3.3057 平方米。

D 看到气派的门面，多数人凭直觉会认为这是间高级餐厅，实则餐点价格与品质合宜，适合所有族群前往用餐。

E DOMANI 座位间的安排宽松舒适，让人放松用餐，开放式厨房与吧台带来流动的开阔气氛。

F 悬吊在进门回廊上大气的艺术装置“琉璃云”，呼应了其典雅新颖的品牌定位。

G 店内空间布局简约利落，一楼座位区采用一字形动线，减少了带位送餐时对客人的打扰。

物，好客，喜欢与朋友在家里品尝美食。”活灵活现的角色设定，给了挑选家饰明确的准则。设计团队通过整体规划赋予餐厅独特的生命力。

以深色调点缀着金色元素，在环境光线略为幽暗的气氛下，让客人的视觉焦点更集中在菜肴上。装点空间的家具家饰样样都大有来头，从悬吊在进门回廊大气的艺术装置《琉璃云》，到气氛营造不可或缺的灯具及家具，均出自名人之手，如英国鬼才设计师Tom Dixon的经典飞碟灯、跨界大师Philippe Starck的高脚椅……讲究细节的单品交叠出拥有浓厚设计美学的用餐情境。

探究意式文化的深厚

在台湾深入人心的异国料理，除了日式外，就数意式料理，同样以面、饭为主食的意菜，吃的文化与我们很是接近。架构出DOMANI的菜单，主厨陈星同考量的因素，除了口味与品项，还有厨房腹地能负荷的工作量。“厨房空间精简，对菜单的设计其实也是一大挑战。”如果想做很多但空间不足，品质上就会无法兼顾，设计出质与量兼顾的餐点，才是最好的规划。DOMANI从前菜、沙拉、汤、淀粉类到主菜肉类及甜点，无一不缺，其中拥有最高人气的Pizza则是在最后才加入菜单的。“Pizza是意大利从南到北一直传承的文化，如果没有Pizza，很难定位你是一家意式餐厅。”

在DOMANI里取样意式文化的精髓中，还有与料理一同搭配的餐酒。在意大利，晚餐八九点才开始，在下班到晚餐这段时间，当地人会找间小店，享受“aperitivo”（开胃酒）。开胃酒搭配咸食小点和起司，其中最地道的选择莫过于苦酒。因此开店之初，对意大利饮食文化甚是熟稔的Matt，在设计酒单时就不忘以苦酒为基底，打造出三款具有意大利灵魂的调酒：代表西北部皮埃蒙特的“Spritz”、东北部威尼斯的“Bellini”，而“Sgroppino”则为北意的经典开胃酒。

菜单与酒单都经过几次调整，与顾客的喜好相磨合，至今每道菜色的点餐率不相上下，都有各自拥戴的食客。但酒单的品项更替却比料理更频繁，原因在于市场接受度——DOMANI大胆尝试将苦酒作为系列调酒主角，但客人反馈却不如预期，除了进口原料的成本高导致单价较高，还有就是大众对于苦酒的风味还不熟悉。后来经过渐进式调整更替之后，酒单里仅留下清爽口感的“Spritz”。

选用本地时令食材，推出当月限定菜色

跟随时令，大概每两个月酒单会小改版。从小在乡下长大的Matt，认为手边可得的材料绝对是最新鲜的。“家里后院种了龙眼、桂花、荔枝、芒果、柠檬，我知道这些食材原本的样子，有直接情感，更能想象如何运用和表现。”用上老家自种的水果入酒之余，喜欢骑脚踏车的Matt，也经常四处寻找适合的食材。“这算是我很大的灵感来源，台湾高山水果的好品质，蕴藏着不同层次的风味，不仅香气与甜度合适，连果皮保留的酸度拿来制作饮品也都很合适。”

H 不论料理或是调酒，事前将SOP罗列出来，不因操作者更替而失去品质。

I 入门玄关处艺术家陈浚豪的作品《无邪》。

J 二楼独立包厢提供给聚会或有隐私需求的客群，若多人用餐还可在原有餐单内定制餐点。

菜单上的其他亮点还有每月推出的“当季餐点推荐”与“单杯酒”，因应当季食材或气氛，在春末使用时令白芦笋，初夏则使用爽口的冷前菜。在研发过程中，主厨陈星同提出一个大方向，经由内场团队提出自己的想法，汇整意见后开始试做，这时也会与Matt相互讨论适合搭配的餐酒。而推广新餐点，DOMANI所选的媒介也很有意思，他不用诱人的美食照片，改以插画来诠释，希望借由一幅幅手绘料理图的温暖质朴，向饕客们传达“意菜料理的精华本来自家常”之真谛。

展望未来，预先拟订大方向

DOMANI的运营成效比当初所拟订的营业计划还出色，Matt对此表示是天时地利人和，“在对的地点、对的装潢、对的菜系，餐厅带点神秘感的话题性也有助力”。但能做出对的选择，背后仰赖的不是侥幸，而是专业分工的相互协力。有关创业，Matt的经验是成功首要的核心在于人事，“人如果对了，很多事都会对，尤其是下面的第一个主管最重要，如果能找到细心又照顾客人的人，基层员工也会被潜移默化，如此就能一同塑造出整家店的个性与职场文化”。

经营迈入稳定期之后，在筹备新计划之余，Matt想再把整个架构组织得更加完善。“到年末，把明年目标都制定出来，列出要做的事。当时间到了，检查项目是否达成。当计划都能按时完成时，整家店就不太会出什么问题。”他计划逐步把训练的内容、章程制定出来，使第一线的执行者有章可循，让DOMANI在未来能自主运作，大步扩展。

寻找人才、选对人优于事后训练。

I

J

DOMANI 意式餐厅

三大独特特色

01

菜单品项精简，以意菜为框架，辅以台湾当地食材。每月以时令菜色为出发点，设计一至两道“当季餐点推荐”，并同时精选出一支最适合的单杯餐酒，不仅可提高单杯酒的销售量，而且对消费者而言，只用中价位的花费，即可吃到当季的旬味并与餐酒搭配，且每月变化新鲜度高，会产生期待感。

02

酒单种类多元，红、白酒与啤酒皆有，最具特色的独门调酒，不仅有浓浓的意式风情，更添入台湾时令水果。DOMANI 是聚餐约会小酌的好场所。

03

追求用餐舒适度，桌间距离宽敞。封闭式的包厢提供给有需求的客人。还有特制套餐的配套服务。优雅摩登的室内空间，设计感十足的家具增加了风格品位，满足了味觉与视觉的双重享受。

（左）DOMANI 主厨陈星同、（右）DOMANI 营运管理人 Matt。

01
香煎干贝炖饭
NT$680

以蒜香为基底，用些许奶油增加风味层次，清爽的口味不分男女都喜爱，是从开店至今，在菜单上一直没有改变的长青菜色。

02
红甜菜根熏鲑鱼薄片
NT$380

为当季餐点推荐料理，以初夏色彩为概念，甜菜根的红腌制鲑鱼的橘色，清爽的冷前菜加上鲜艳的配色，在溽暑时节中引起人的食欲。

DOMANI 意式餐厅

Signature Dishes

03
松露蕈菇比萨
NT$480

制作过程繁复，不使用冷冻面团，用的是意大利百年面粉厂产出的面粉，新鲜低温发酵超过 12 小时，吃得出单纯的好滋味，是每日数量限定的人气菜色。

04

茴香肉肠猫耳面

NT$480

是最有特色但也最平价的主食。使用温体猪绞肉，与茴香混合成手工肉肠，风干绞碎后与番茄、猫耳面拌炒，画龙点睛的茴香，品尝时别有一番滋味。

05

炭烤排克夏猪排

NT$780

改良自上一版菜单的猪肉料理，换上不同部位与做法。选用宜兰排克夏猪大里脊，油脂虽不多但经由炭烤后仍肉汁满满，搭配松露盐一同享用，也是高人气品项之一。

06

Spritz

NT$220

来自威尼斯的 Spritz，以意大利苦甜酒为基底，口感清爽，成为 DOMANI 的开胃酒首选，更是调酒师 Matt 的最爱。

07

Sgroppino

NT$250

冰沙感的调酒同样源于威尼斯，以当地盛产的气泡酒（Prosecco）加入柠檬雪酪（Sorbet）与伏特加，在威尼斯经常作为餐前酒，但其实无论餐前餐后都合适。

DOMANI 意式餐厅

OPEN DATA

单位：新台币

营业基本DATA

每月目标营业额：200 万元

座位数：室内 28 个、户外 12 个、包厢 14 个

平均翻桌率：1.23

平均客单价：1200 ～ 1500 元

开店基本费用

筹备期：7 个月

空间装修费用：1000 万元左右

每月营业支出占比

店面租金：10%

水电、网络：5%

食材、酒水成本：35%

人事：33%

营销经费：2%

空间、设备折旧摊提：15%

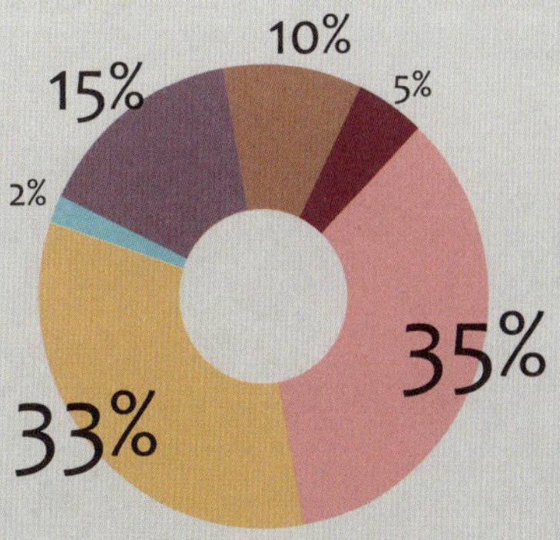

每月营业收入占比

餐点：85%

饮品酒水：15%

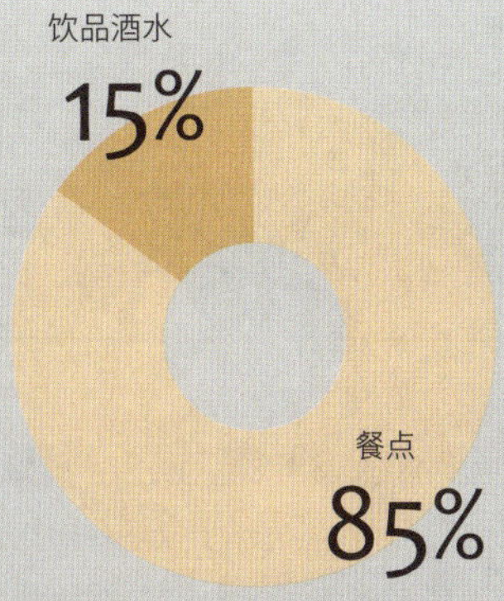

欧陆风格

一号岛厨房
ISLAND 1 kitchen

开创台菜西吃风潮
职人精神演绎台湾食材

一大一小方块，
代表厨房和餐桌，
一号岛厨房的LOGO，
也传达经营精神，
串联食材产地和餐桌，
不断挖掘本地的好食材，
用创意手法，
把台湾的丰富美好，
通过盘中美馔传递给
每一个前来用餐的客人。

文·陈慧珠 摄影·张艺霖 图片提供·一号岛厨房 island 1 kitchen

一号岛厨房 ISLAND 1 kitchen

店址／台北市大安区安和路一段102巷10号

电话／02-2706-2799

Web／www.facebook.com／Island1kitchen

营业时间／周一至周四、周日 12:00～23:00
周五至周六 12:00～24:00

目标客群／25～40岁的上班族、文化产业如唱片业和广告业的主管阶层

A、B 一号岛厨房的LOGO是一大一小方块，代表着厨房和餐桌。

C 店内的小黑板为宣传每周新推出的菜色之用，补足纸本菜单机动性不足的问题。

外观是简练朴实的清水模墙与厚实的木门，一号岛厨房静静地坐落在安和路巷弄之中。一进入餐馆，我们即可看到偌大的开放式厨房，经营者Ian和厨房团队或正在处理食材，或出餐摆盘，他们心无旁骛地专注在料理上，将脑中的创意一一用双手呈现。

开店方向明确，从基础扎根学习

自称不爱念书的经营者Ian，在大学时期就希望未来能拥有一家自己的餐厅。立下目标后，他毅然从大学辍学当兵。因为没有餐饮经验，退伍第二天他就到一家餐厅练基本功。磨炼了三年半，从基层员工一路做到展店、招募、管理，他觉得时机成熟了便决定创业。从找好店址到开业实际只花了两个月时间。一号岛厨房的定位也很明确，“从来没有把自己定义为一间简单的街边店，我们期望这是一间小而精致、有台湾特色的西餐餐馆”。

开店前Ian将客层锁定在喜爱美食、喜欢尝鲜的年轻上班族和中年白领客层之间，几年经营下来，发现精致原味的料理更能吸引经过一定社会历练的人来品尝，于是渐渐培养出稳定的熟客群。Ian认为：“我们的回头客多，新客人进来得慢，40岁以上的客人越来越多。”他一边思考着如何吸引新客人，一边研究着如何用更有趣、更新鲜的方式来诠释“台湾味”。

一号岛平均四个月就调整一次菜单。店内特别设有一块小黑板，就像台式快炒店小黑板上写着当日限定的隐藏版食材一样，一号岛的小黑板也会写上每周新推出的菜色。“有些食材的产季没那么长，季节过了就没有了，但纸本菜单几个月才换一次，所以就直接写在黑板上；或是当我们有些新的想法，想测试市场反应时，就通过这个方式跟客人接触。对我来说，一直重复别人做过的东西很无趣，因此我才会开这样一间餐厅，很多菜都是我们自己创作出来的。”一号岛就这样慢慢找到市场的方向，在理想和现实之中走出自己的路。

成长记忆入菜，开创台菜西吃风潮

有了创业构想以后，Ian和伙伴们便以台菜西吃为料理主轴，构想源头则来自在乡下跟奶奶一起生活的儿时轨迹。每回下田巡探，老人家便用路边摘采的野菜做出一道道佳肴，打开Ian本地食材的印象启蒙。开店初期做出的招牌料理麻油鸡炖饭、虱目鱼炖饭，现在仍是美食爱好者津津乐道的经典菜色。

而台菜西吃表面看见的是独具特色的料理，背后看不见的是一腔提升台湾饮食文化的热情。因为对料理知识充满热情与好奇，工作之外的时间Ian也在追

D 一号岛之所以成为创意、设计圈人士的爱店，正是因为他们总是抱持着初心，不断思考如何用更有趣、更新鲜的方式来诠释台湾味。

寻探究各种台湾味的根源、各种食材做法的可能性，追溯各种料理的历史脉络……这些正是一号岛源源不绝的创意来源。有了口碑后，用心创新受到不少熟客信任，一号岛开启接单定制菜色的服务。“量身设计菜单已经做了三四年，这也是我们的优点，我们很乐意帮客人做客制化服务。”乐于尝试随之带来发展契机，一号岛陆续收到外烩餐席、市集、百货进驻或酒商合作的邀约，打破了既定框架，玩得更多元。

搭起产地串联餐桌的桥梁

在挖掘台湾味的过程中，Ian和伙伴们亲身走访食材产地，拜访栽种小农，逐渐意识到当地料理文化传承的珍贵，决定担当产地和餐桌之间的桥梁。原本部分依赖进口的肉品、蔬菜、香料，逐步改用台湾当地食材。“过去台湾本地的食材占五成就很厉害，现在已经有八成以上都是，我们默默在做很多消费者看不到的东西。”Ian骄傲地说。虽然做料理的过程不被看见，一号岛也不因此妥协。料理上，Ian坚持不使用半成品，他说：“我们每一道料理都是从食材原样开始，全部手做加工再烹调。当然还是可以买半成品，但是两者在料理的底蕴上完全不同，吃起来的味道当然不一样。”即使前期备料因此更琐碎繁复，Ian和他的团队仍乐在其中。

宽阔的开放式厨房是料理人呈现技艺的平台，一号岛的主厨不再是躲在背后的隐形人物，而是直接和客人面对面，像朋友一样，告诉客人食材从哪里来，为什么如此烹调，让客人对料理有更多味觉层次以外的感受和理解。就像Ian所说：“这些过程全部都是联结在一起的。”

继续更好的料理旅程

经营迈入第六年，一号岛面临成长转型期。“几年下来，我们的料理慢慢走向更成熟稳重的样貌，空间也希望能跟着改变。”近期更新完空间的一号岛，将原本整体木质原色的调性，以深蓝墙面和雾黑餐桌重新定调。随着使用属性分割出新动线，一侧是机能升级更完整的开放式厨房，一侧是更舒适安静的客席区域。连接地下室和一楼的梯间，挂满了Ian和伙伴们充满手感温度的摄影作品。气味相投的人总会走到一起，Ian发现自己和伙伴们都有喜欢动手做东西的特质，这有助于餐厅建立更为鲜明立体的个性。

由于大部分熟客是冲着Ian而来，他索性把一号岛当成另一个自己。“餐厅里会放我平常听的音乐。现在我连粉丝页也自己写，对此客人更有共鸣。熟客们也发现，每隔一段时间再来，一号岛又有点改变。然后他们会同时审视自己也会有什么变化。我们会一起坐下来聊天吃饭喝酒，交换彼此心得。”像老朋友一样，这是一号岛一直以来的待客之道。“这才是我想要开的餐厅的样子。”Ian说道。

E、F 一楼开放式厨房与可升降的 chef's table 设计，让厨房团队可以直接和客人面对面，让客人对于料理创作的过程和食材源头有更多的理解。

G 地下室空间以古董二手家具营造出小酒吧的氛围。

G

以上榜“摘星”为目标，梦想激发前行动力

Ian说，要想在竞争激烈的餐饮业界占有一席之地并保有初心，不是一件容易的事。“自己要思考清楚要做什么样的事情。如果想清楚了，就不要迟疑。当然会遇到很多问题，但我从来不担心犯错，我会试着去解决问题。”一路走来，Ian对信念的坚持以及勇敢尝试创新的胆量，激荡出一号岛精彩的料理呈现。现阶段以上榜“摘星”为目标的一号岛，仍继续着每天从零开始的职人态度，用蕴藏在台湾地区这片土地中的礼物，探索料理的无限可能。也许有一天，你会和朋友一起来探访一号岛不断蜕变的面貌。

> 如果你没有更远大的梦想支撑，这条路走不了很远。
> 我有使命感让餐饮业往好的循环转动。

一号岛厨房经营者＆味道创造者 Ian。

一号岛厨房 ISLAND 1 kitchen

三大特色

01

开放式大厨房，客人在用餐时看得见烹调过程；特别设置 chef's table（主厨桌），能边用餐边听主厨分享料理、食材背后的故事，让讲究美食的爱好者拥有另一番深度的用餐体验。

02

料理 80% 以上使用台湾本地食材，每道菜从最朴实、原始的食材开始，以西式的烹调技法为主，再加上客人对于台菜小吃共同的味蕾回忆，演绎出一号岛独有的味道。

03

每周推出限时的实验创新菜色，除了是为饕客们提供当季盛产的新鲜好料，也能借此观察市场对新菜色的接受度，可作为之后变更菜单品项的重要依据。

Signature Dishes

一号岛厨房 ISLAND 1 kitchen

01

樱桃鸭胸、覆盆子皮革、酒煮桃子

NT$720

把莓果酱以40℃低温烘烤收干，变成紫红色软糖般的覆盆子皮革，包裹住水分饱满的嫩煎樱桃鸭胸，再洒上夏堇、孔雀草等新鲜食用花。缤纷迷人的视觉和口感，经典的风味用别出心裁的方式呈现，充满惊喜。

03

蛤蜊啤酒虾

NT$400

以洋葱、辣椒、大蒜拌炒西班牙辣肉肠 Chorizo、虾子跟蛤蜊，将经典的意菜元素重组放进酒杯，打上啤酒泡沫呈现啤酒的另一种趣味。搭配台南安平虾饼，香咸酥脆对比甜辣海鲜，是适合三五好友共食的开胃小点。

02

咸汤圆

NT$360

以客家咸汤圆来构思，意式马铃薯面疙瘩作汤圆外皮，开水烫过后煎至外皮金黄酥脆，内里松软。选用猪脚炖肉混合白兰地、香料，捏成圆球当作内馅。底层铺上京都水菜、樱桃萝卜和珍珠洋葱，自制无毒白虾虾球提出鲜味，淋上牛肝菌菇酱汁，重现你我熟悉的记忆之味。

04

白酒罗勒淡菜

NT$380

季节限定料理，选用每年仲夏到中秋期间的马祖淡菜，这个期间生长的马祖淡菜肥美饱满。下订单后才采收并马上空运送达，只需少许白酒及蒜片拌炒就鲜美十足。特别搭配切片欧式面包，可用面包蘸最后的精华酱汁至最饱满后，一口气送入嘴中，令人大大满足！

05

嫩煎鹌鹑与辣味玫瑰荔枝酱

NT$420

期间限定料理，嫩煎鹌鹑淋上甜而不腻又带点辣味的玉荷包玫瑰酱汁，佐以玉米膏、柔滑的台农地瓜泥，再加上小巧的腌渍珍珠洋葱和繁星花点缀，细致清甜的野味与同调性口味食材堆叠出层次丰富的料理，适合喜爱原味的老饕。

一号岛厨房 ISLAND 1 kitchen

OPEN DATA

单位：新台币

营业基本DATA

每月目标营业额：80 万元

店面面积：50 坪（约 165 平方米）

座位数：40～45 个

单日平均来客数：30 人

平均客单价：800 元

开店基本费用

筹备期：2 个月

房租、押金：30 万元

预备周转金：60 万元

空间装修费用：250 万元
（包含改结构、装潢、设计费）

家具软件、餐器用具费用：50 万元

厨房设备费：100 万元

初期料理试做费用：1 万元

CI 或 LOGO 规划、menu 等周边小物设计与制作费用：1 万元

营销物资费用：0 元
（网络营销经营）

每月营业支出占比

■店面租金：18%

■水电、网络：4%

■食材、酒水成本：34%

■人事：35%

■杂支：4%

■空间、设备折旧摊提：5%

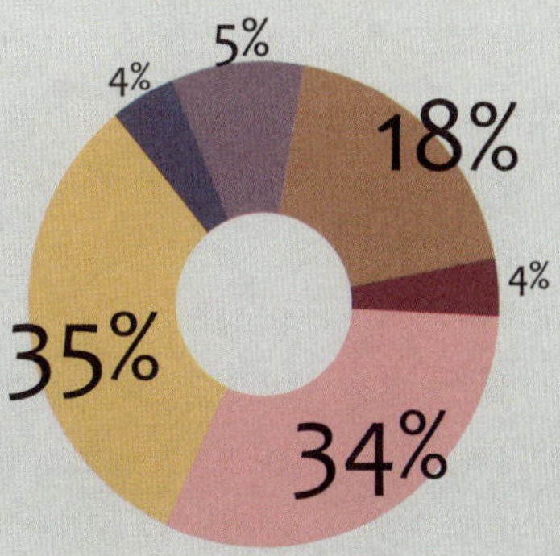

每月营业收入占比

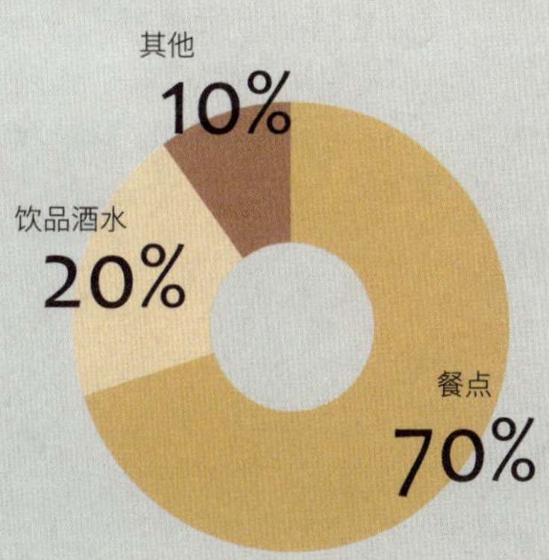

欧陆风格

Antico Forno
老烤箱意式比萨餐酒

坚持正统，以传递意式饮食文化为核心
培养出不分国度的高认同度

一趟意想不到的意大利之旅，
埋下创业的种子。
Antico Forno 老烤箱
讲求正统意式精神，
成为饕客心中难忘的味道，
想一去再去的意大利餐馆。
多年努力，更受到意菜最高殿堂
『红虾评鉴』的认可，
获得最佳比萨的殊荣，
证明台湾人也有把异国料理
做到极致的坚持。

文·王涵葳 摄影·张艺霖

Antico Forno 老烤箱意式比萨餐酒

店址／台北市大安区瑞安街巷 141 号

电话／ 02-2706-3322

Web ／ www.facebook.com ／ anticoforno141

营业时间／周一至周日 12:00 ～ 15:00、18:00 ～ 22:00

目标客群／ 30 ～ 65 岁的客人——团体聚餐、情人约会、老饕

走进Antico Forno老烤箱，我们感觉这里没有拘谨的用餐环境，此起彼落的聊天声烘托出畅快惬意的气氛，桌席间不时传来异国语言，让人仿佛闯进遥远国度里的小酒馆。这里经常被认为是外国人掌舵，但实际上是土生土长的台湾人吴治君（Augustin）用深爱意式文化的热情精心经营着这一个受到各种国籍客人欢迎的美味空间。

用料理重返动人的现场：简单、好吃、人情味

从一个单纯的厨房工作者变成开业者，对吴治君来说，一路走来，值得细细回

A

B

味。“虽然在意大利餐厅做了很久，也学到了很多，但那时我并不了解意大利菜系的原生环境。”当时他跟随多年的意大利主厨即将返乡度假，并邀请他一同回罗马。走在罗马街头，感受着古城的悠久历史，唯一的熟悉感来自比萨店、意大利面店。吃上一口当地菜肴，从中获得的感动直接而深刻，“他们追求的东西很简单，就是用好的原物料去制作美味的食物。”

不仅在街上的餐馆用餐，吴治君也深入民家，品尝意大利老妈妈的手艺。“在厨房里做手工面或面疙瘩，花一整个上午就只做一餐要吃的东西。”在意大利，人们不怕花时间在吃上面，不但长时间制作餐点，而且长时间品尝与分享。吃成为媒介，在餐桌上建立起人与人之间的交流，这种在意大利体验到的生活文化，是吴治君从意大

利带回的最珍贵的礼物，让他决心自己创业重现当时自己感受到的风土民情。

面面俱到的意式体验

在传递意式精神的同时，吴治君在招牌的视觉呈现上也很用心，受意大利人谈话间常出现的手势启发，体现老烤箱想要追随的正统态度。开店的五年可分为两个阶段。最初只卖单一品项，以比萨作为入门品种，其真材实料的好品质很快就使老烤箱打响名号，来客投以更多回响，希望在这里吃到更多意式料理。其实吴治君自己也觉得有点不满足。“我学过意大利不同地区的菜系，不希望只做比萨，于是想在菜色上有更多发展。”老烤箱从第二年开始循序渐进加入炖饭和意大利面等品项。

A、B、C 老烤箱重现经营者亲身体验到的意大利风情，创造舒适又带有人情温度的场景，提供正规传统料理，传递完整的意式生活文化。

老烤箱由家常小店晋升至讲究的小酒馆，经过重新装修后更贴合整体气氛，降低了室内的彩度，增加了空间里的内敛气息。除了拥有新添入铁艺家具的沉稳感，喜爱老物件的吴治君选择有年代感的吊灯或桌椅铺陈出欧式氛围。在重新装潢后，环境与料理品质提升了餐厅的价值感，而客群变化很大，仿佛一夕之间开了另一间店，推广新餐点很顺遂，地段的聚集特性也发挥了助力，多项条件到位，老烤箱得以成功转型。

用心坚持的初衷，不分族群都被征服

身为一家专注烹调正统意大利菜的台湾本地餐厅，老烤箱在市场和口味上不免受到诸多挑战。对此，吴治君坚持初衷，力行传统做法。2016年，代表意菜最高殿堂的“红虾评鉴”来到台湾地区，悄悄进行探访，年底公布指南，台湾地区唯有四家餐厅获此殊荣，老烤箱便是其中之一，吴治君更是名单之中唯一的台湾本地主厨。不仅如此，隔年老烤箱再拿下“红虾评鉴”的“Best Pizzeria”最佳比萨店。

拿下“红虾评鉴”对老烤箱来说无疑是有利的，来客量也得到有效增长。不过，这并非吴治君预想的目标。店内菜单上的食材百分之九十来自进口，肉肠、绞肉也自行制作，因为忠于原料是忠于原味的一大条件，吴治君所坚持的，与“红虾评鉴”的准则有着相同的方向，因此不用刻意追求，当“红虾评鉴”进入台湾时，下重本的用心自然会被看见。同年，老烤箱更成功申请意大利官方认证的Ospitalità Italiana，为意式灵魂加持。

不断进修，将南北意各区料理精华带回台湾

“在意式料理世界，除了调味，食材原味要能感动到你，才算成功体现了意大利菜精神，这是我想做意大利菜的动机。”要想提供没有失真的味道，做到位的坚

持，蕴含细节的琢磨。“比如炖饭，米其实有很多种，吃起来有不同效果，在当地也不是所有米心吃起来都是硬的。”老烤箱的炖饭选用的米种来自意大利，同时做出让台湾大众能接受的口感，因地制宜同时兼顾传统。

D 将推荐酒单设计成单张形式，让客人从酒杯中抽起阅读，别具一格。

E 从单一品项餐点演进成丰富面貌小酒馆的老烤箱，中间经历了重新装修，用改变创造出新价值。

F、G 老烤箱经营者每年仍不懈前往意大利进修，吸收南意和北意料理精髓，除了做出东西方人都认可的料理，也力求再现意大利悠闲从容的空间风格。

在老烤箱里有一道别的餐馆较少做的意大利面，是以鳀鱼的咸香混搭柠檬清爽酸味的“主厨私房柠汁鳀鱼佐意大利直面”，灵感来自吴治君走访过的意大利托斯卡纳。每年放长假，吴治君都会回到意大利，探访不同区域。老烤箱的菜单上有着吴治君这些年旅程的痕迹，并跟随他的脚步慢慢进化。吴治君以自身独到的眼光，设计出平衡性佳的菜单，伴随时间更替，里头包含的学问有对台湾饮食习惯的掌握，也有对北意和南意料理的熟稔。

以食建立起文化交流平台

这几年，大众对意菜的了解与认同呈倍数成长，市场迈入成熟阶段。吴治君的手艺使他渐渐累积了不少忠实粉丝，回流的老客人不在少数，外籍客人几乎每晚都有，附近的居民客人也维持在两三成。简单而美味的餐点不只到店里才能吃到，老烤箱也接受外烩邀约，在私人空间里创造宾主尽欢的一餐。

在品尝美味食物之余，老烤箱更是一个交流情感的平台，这里会不定时举办活动：以人气餐点猪肉卷为号召，在户外举办BBQ日；有时更化身为爵士乐现场，活跃用餐情境。老烤箱想做的是一直不受限，推及品牌营造，有关美感之处，细微如菜单、外带包材和店内花艺，都会聘请专业设计师掌管老烤箱的整体视觉。营运第五年之初，吴治君在不脱离意式核心下，拓展新的餐饮品牌，开设了咖啡馆Piccolo Caffé，店内餐点同样皆自产自制，同时更倾向街边小店的轻巧，试着推广意式咖啡以及意式餐酒文化aperitivo，用不同角度诠释意式饮食。

创业这堂课永远有要学的事

以热爱料理的心，身兼主厨和经营者角色，吴治君认为：“经营者的思维要比所有人看得更前进一步，带领大家看见前进的方向，但到达的途径可以有很多条。”老烤箱在前期停滞不前，于是用改变菜单设定去突破，当面临下个停滞期时，投入资金装修空间，带来如预计的客层与流量，以单店创造出更高价值。

“开餐厅的意义在于可以学到很多层面的事。”27岁投身创业，吴治君靠自己筹措资金，开启第一家店，后续而来的挑战，不仅止于开店这件事，“创业者在初期要能清楚自己的定位，备足资金”。要想拥有好的空间、人员配置和周转金，吴治君提出500万元新台币是最稳当的筹码，另外则是对自身产品有能力理解和掌控，“不光要有技术，还要有能力掌控成本。”创业耗费的不只是体力，如何调适

累积的压力也是要面临的课题，“因为当你被打击而没有正面能量支撑下去时，就看不见自己陷入的问题点”。拥有强大的心、弹性的思维也是经营者不可或缺的特质。

老烤箱每年都会遇到需要抉择的阶段，以老烤箱为核心的餐饮事业，除了正在尝试的意式咖啡馆，吴治君不设框架，大胆尝试许多方向，但不以连锁商业模式去拓展是笃定的：“虽然可能会很赚钱，但我不会很享受！”

记住幸运是一时的，没有维持着该有的状态，之后会很容易掉下去。

Antico Forno 老烤箱主理人吴治君。

Antico Forno 老烤箱意式比萨餐酒

Signature Dishes

01

玛格丽特

NT$320

比萨最完美的姿态是看得见空气感的体态，搭配面粉比例与烘烤制成的饼皮不湿软，吃起来有脆度也有嚼劲。面团、番茄酱汁、起司和罗勒混搭出的单纯原味，构成初访者必点的菜色。

Antico Forno 老烤箱意式比萨餐酒

三大特色

01	02	03
忠于意大利精神，以传递意式料理精髓为理念，培养出固定回访的饕客，除了提供用餐，还不定时举办主题式活动，让新旧客人都能体验不同的饮食文化。	挑选老件家具陈设，让人感觉宛如置身欧式小酒馆。轻松惬意的用餐气氛适合三五好友或家庭聚餐，两人浪漫约会亦宜。	不间断地在饮食领域中精进，经营者将自身体验到的异国经历，进行浓缩，用餐饮形式诠释，以不同风貌呈现，让用餐者以吃食感受意式的风土民情。

02
炉烤肋眼牛排搭红酒酱与芝麻叶

NT$10oz／980、16oz／1580

选用油脂香气十足的 prime 等级美国牛，用盐预腌去血水，搭配淋上牛高汤的烤蔬菜，芝麻叶佐柠檬汁，是意大利独有的吃法。

03
大口吃肉酱手工大宽面

NT$420

采用波隆那做法的肉酱，以牛猪绞肉与洋葱、红萝卜、西芹混合，经由长时间炖煮而成，不用现成机器做的面，厚实肉酱搭上每天花时间制作的宽面，是在别的地方吃不到的豪迈畅快。

04
黑白松露牛肝菌炖饭
NT$550

以新鲜的牛肝菌加野菇拌炒为基底，使用高浓度的松露酱再加上白松露油提香气，是身为台湾人看到就想点的一道菜，也是菜单上经过不断进化的长青品项。

05
SPRITZ
NT$350

Appetivo 中最经典的调酒，以气泡酒 Prosecco、苦酒 Aperol 再加上一点苏打，餐前点一杯，最能感受威尼斯地道的风情。不定时推出以 SPRITZ 为主题的活动，推广最纯正的餐酒文化。

06
还是老样子提拉米苏
NT$300

完美的一餐用最经典的意式甜点来收尾，真材实料的马斯卡彭奶酪(Mascarpone cheese)，添加橙酒带出香气，还有传统的玛萨拉酒，化在嘴里带出层次感的风味。另附意式脆饼(Cantucci)及天使之吻(Baci di dama)，双重享受适合多人共享。

Antico Forno 老烤箱意式比萨餐酒

OPEN DATA

单位：新台币

营业基本DATA

每月目标营业额：230 万元

店面面积：48 坪（约 159 平方米）

座位数：45 个

单日平均来客数：76 人

平均客单价：986 元

开店基本费用

筹备期：6 个月

房租、押金：8 万元

预备周转金：400 万元

空间装修费用：150 万元
（包含改结构、装潢、设计费）

家具软件、餐器用具费用：60 万元

厨房设备费：150 万元

初期料理试做费用：10 万元

CI 或 LOGO 规划、menu 等周边小物设计与制作费用：10 万元

营销物资费用：0 元
（网络营销经营）

每月营业支出占比

店面租金：13.4%

水电、网络：1.5%

食材、酒水成本：42%

人事：33%

营销经费：0.6%

杂支：4.5%

空间、设备折旧摊提：5%

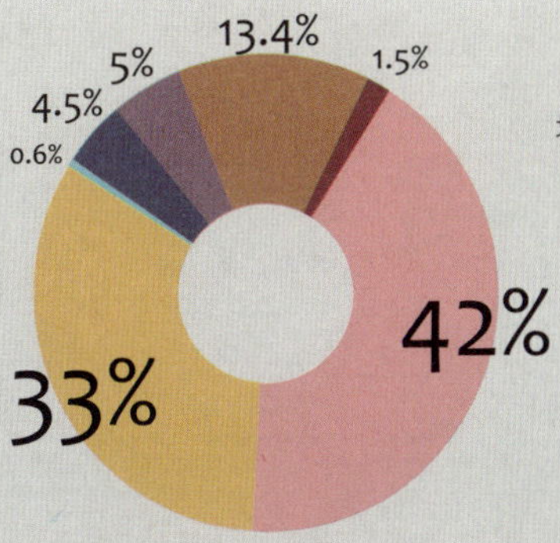

每月营业收入占比

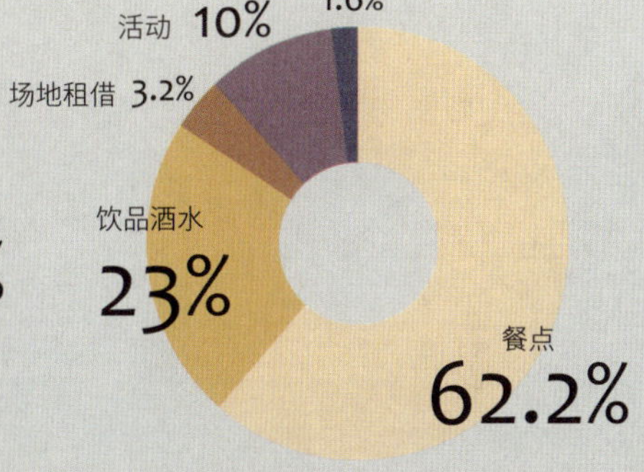

LOS BOLDOS
SASSICAIA

当代混血

Aj's Wine & Bistro

活用管理学“五管”：给创业者的理性开店术

Aj's Wine & Bistro
结合酒类专卖店、餐酒馆、酒吧，
以丰富藏酒、合理价格、细腻服务，
在品酒圈里深受好评。
创业者AJ
首次踏足餐饮市场，
结合过往金融经验
与自身品酒喜好，
用心推广葡萄酒的迷人韵味。

文·王涵葳 摄影·张艺霖

Aj's Wine & Bistro

店址／台北市大安区通化街171巷33号

电话／02-2732-1189

Web／www.facebook.com/ajwine9

营业时间／周日至周四 18:00～01:00
周五至周六 18:00～02:00

目标客群／对餐酒文化有兴趣者、葡萄酒爱好者

远离人潮汇集的商圈，离邻近的捷运站也有一小段距离，Aj' s Wine & Bistro在巷弄内的隐世氛围，暗示着经营者的低调性格。店外的招牌LOGO如同历经风霜般、锈蚀至红褐色的整面铁板，凿刻着举杯品饮的微笑侧脸，让人怀着期待感与一探究竟的心进入店内。

从门外的天花板开始，向内延伸出的惊人木头量体，正是由一个个运送酒瓶的载体——木箱所组成，除了装饰，它也是最佳的展示层架。整面墙满满的各式酒款以及相关书籍，看得出店主对葡萄酒的满腔热情。经营者AJ，从事金融产业十余年，毅然离开耕耘已久的领域，转换跑道来到餐饮业，以自身对经营管理的熟稔，加上品玩葡萄酒的老饕身份，在竞争日渐白热化的餐酒领域中打造属于自己的品牌。

冲劲 + 执行 + 资金，创业的成功方程式

身为品饮葡萄酒的爱好者，AJ从长年累月的消费经验里总结出市面上从未有过的消费模式，挖掘出新商机——结合酒类专卖店、餐酒馆、酒吧这一套连贯的复合式服务，作为创业的初始蓝图，白天纯贩售葡萄酒，如一般酒品专卖店；傍晚至深夜则变身餐酒馆，提供优质的餐酒服务，店内开酒还主打与零售价格同步的策略。“我在一周内就将创业计划书写了出来，包含完整的预算以及损益表。”有冲劲有想法，加上执行力以及对资金和资源的准确把握，成为AJ创业稳健的开端。

首次创业就独资开店，从筹备、装潢设计到菜色开发，AJ无一不是亲力亲为。面对接踵而来的挑战，多方考究、讲求细节，是AJ的独门秘方。“选店址的时候，我不喜欢边角位和骑楼，要求店面在路面，这样更容易被看见。”最终，符合租金、面积及各项要求的店面只剩下五间。为了更精准计算潜在来客数，在每个候选店面，AJ都会花上两天时间坐在店面外头，包括一天工作日和一天假日，只为观察路上车流。他缜密而有逻辑的思虑，为往后开店搭建出稳固的基础。

善用营销策略，社群是利器也是凶器

Aj' s Wine & Bistro开张的当天近乎满座。经历筹备时期各式磨炼的AJ，对于

A 藏酒数量维持400款，除了到店用餐品饮，更可以买酒回去。

B 店外的招牌以红褐色铁板凿刻出举杯品饮的剪影与LOGO。

C 细看店内的酒瓶上，都挂着造型别致的酒款介绍牌。

当日盛况满是惊喜，在未有营销推力之下，这样已实属佳绩。对于营销，他并不是毫无想法，而是选择慎用。面对网络带来的影响，他有着自己的见解：“我选择一开始就把自己逼入一个绝境。”他过去在金融业界有着好人缘，却舍弃创业之初在自己的生活圈广泛宣传。“假设我告诉所有的亲朋好友我开店了，拜托他们来的话，那么这间店前半年的经营都会是假的。唯有真实地面对市场活下去，才是真正的成功。”他从未投入营销费用，Aj' s Wine & Bistro靠的是消费者间的口碑营销，在网络上近乎无差评。

D

D 天花板的酒箱装置搭配黄光、木桌椅，营造出带有微醺感的小酒馆氛围。

E 大片红砖墙与中式的木窗框，为Aj' s Wine & Bistro注入了东方的复古气质。

E

从“单人套餐”到“今晚喝这支”，创造专属独特性

Aj' s Wine & Bistro 的藏酒维持在400款左右。数量很多，却没有酒单。在客人选酒的过程中，会有人情温度的交流。“和客人聊天，理解他们的需求，再介绍最适合的酒款，是我们一贯坚持的服务方式，这就是没有距离感的待客之道。”即使已经满室美酒，还是难以满足所有人的需求，对那些自带酒的客人，不同于普遍收取开瓶费的做法，而是仅收取酒杯清洁费，这是AJ为葡萄酒爱好者推出的贴心服务。贴心之举，不仅于此，菜单里的“单人套餐”设计，也是有意支持孤独经济，即喝酒时不一定成群结伴，可享受属于一个人的独处时光。

在每个周五、周六晚间举行的试饮活动中，AJ会选定一支酒与当晚的客人分享，如同小型品饮会，至今这已成为店内的招牌特色。追溯概念源头，来自AJ在个人社群平台里的多年书写分享，开店以后，AJ将在酒友间广受好评的“今晚喝这支”移植进来，也让Aj' s Wine & Bistro逐步成为酒商与目标客群之间的桥梁。

融合东西元素，诠释餐酒新滋味

很多人会问，“Aj' s Wine & Bistro是以餐为重，还是以酒为重？”摊开菜单，对比酒款，菜色更为精炼。“开店初期我们有35道菜，而后我们开始浓缩至25道菜，再加上每两周更替的期间限定菜色。”高频率地推陈出新，来自对店内的客层观察，针对熟客比例过半的情况，调整经营策略。“让熟客们带着期待感再度光临，让他们对接下来两个礼拜会有什么新菜色心怀好奇。”内场团队在研发菜色时拥有高度自由，可随意挥洒，主打创意料理，以欧陆菜系为烹饪手法的基底，加入台湾的特色食材，融入东南亚的料理香气，构成菜色主轴。

除了餐酒搭配，餐点里也出现以酒入菜的尝试，比如挑战众人熟悉不过的醉鸡，置换其中灵魂角色，以葡萄酒调理，名为“红酒醉鸡”。“醉鸡常使用的是绍兴酒，那是一种氧化味较重的酒款。经过尝试，我们选用一款葡萄酒，它的特色同为偏重的氧化气味，再加上些许干邑提味。”端上桌的红酒醉鸡，有别于印象里的白皙，带有深红色的外观，吃下肚却是熟悉的滋味。添入新元素后，可重新诠释经典中华料理。

交织混合的东西文化，从菜单、室内陈设里皆可窥见。“喝红酒虽然是个很外来的文化，但如果融入冲突的元素，把它们变得和谐，就能创造出自己的特色。”

用空间探究品酒文化的深厚

这个以品酒为出发点的空间，从设计、监工到家具选购，皆由AJ一手打理。“在构思的时候，希望用三种区域作为呈现，这三种区域是酒的展示、用餐区，以及酒窖。”位在深处的酒窖拥有一般餐酒馆少见的规模。“酒品对整家店来说是最大的卖点，但如果没有良好的保存方式，我以红酒作为开店的出发点，就是自打嘴巴，必须让客人知道我们愿意对品质进行最好的投资。”他决心下重本，除了酒窖，展示在吧台后整面墙的酒杯多达14种。“不同的葡萄酒品种，要用不同属性的

F

G

品饮杯。”这个执念的背后，是想深耕葡萄酒文化的心愿。AJ期待把正确的品饮习惯推广得更深远，乃至向下扎根。

环视店内气氛，原木色与黑色铺陈烘托出低调的气氛，桌子上头的灯光，通过折射，映照着手里的酒杯，与环境里的玻璃制品一同闪烁得像宇宙里的星辰。坐在里头，客人可享受味觉加上视觉的感官飨宴以及听觉带来的放松。“晚上9:00之前，整体光线略微明亮，投影荧幕是餐点与酒款介绍的轮播；晚上9:00过后，音乐转换成放松、轻快的House（浩室音乐），影像也换成户外、海边、游泳、潜水的影片，整体亮度也会调暗。”这些针对细节的琢磨，打造出隐秘而舒适的用餐情境。

结合兴趣和特长，以热情之心铲除一路艰辛

综观营运历程，AJ认为自己一直走在规划好的轨道上，他用金融背景出身的理性思维悉心研究相关法规，制定出开业章程，扎实地掌握管理学中最重视的五管——生产、营销、人事、研发、财务，以企业管理的方法经营着小酒馆。但对于AJ来说，赚钱或许不是最重要的，最重要的是创造出一家自己也会想用餐的店，用满载热情的同理心经营，同时以理性的管理支持兴趣。在不忘初心的同时持续累积经验值，才能迈向创业的成功路。

F、G 维系酒类的保存品质，投入资金自建酒窖控温与湿度；品饮上的讲究，有14款不同属性的品饮杯可供使用。

H 不定时在店内举办“今晚喝这支”小型品饮会，并于柜台陈列出当日推荐酒款。

在自己创造出来的空间中，慢慢引发出很多有趣的人际互动与回馈肯定，这绝不是金钱可以带来的！

Aj's Wine & Bistro 三大特色

01

自营酒类专门店，提供400款与零售同步价格的葡萄酒，另有14款单杯酒可选择。对于自备酒水的来客，不收开瓶费，独创酒杯清洁费。周末举办“今晚喝这支”小型品饮分享会，对想浅尝者或爱好者，皆为十足的友善空间。

02

每两周更替的限定菜色，并有17种起司与8款干肉火腿肉品可供自选为拼盘，有多样化的选择服务。同时支持孤独经济，让独身前往的客人享有主餐加上单杯酒的实惠套餐。

03

提供媲美fine dining餐厅的细腻餐酒搭配建议，没有用餐时间限制，座位舒适宽敞，随着夜深，逐步调暗光线和播放放松的音乐，创造出隐秘又自在、让人不禁想久待的场景。

Aj's Wine & Bistro 主理人AJ。

01

鲔鱼半敲烧

NT$380

新鲜鲔鱼以直火炙烧至表面酥脆焦香后，立即放入冰水中紧实肉质并保持鱼肉鲜甜。上桌前切薄片搭配野姜花、酱油腌白萝卜、青苹果以及芥末美乃滋，绝妙口感让人一吃就上瘾。建议搭配陈年过桶的 Dehesa del Carrizal Chardonnay Vino de Pago 2010，其清爽的酸度与鲔鱼的油脂在口中形成巧妙的平衡。

Aj's Wine & Bistro

Signature Dishes

02

红酒醉鸡

NT$320

以绍兴醉鸡为蓝本，经过不断的尝试与修改后，终于找到最适宜的红酒取代传统做法中的绍兴酒，将鸡肉与红酒一同低温烹调处理，重新诠释经典的中华料理。建议以来自意大利最南端西西里岛 Cusumano 酒庄，以泡皮发酵酿造制成的“Cubia”白葡萄酒来搭配这道带有许多不同香料气息的醉鸡。

03

咸猪肉炒面

NT$380

以著名料理咸猪肉，融入西式意大利面，咸猪肉的咸香再浇入淡淡的老抽酱油，最后以鲜奶油收汁使其浓郁可口。建议搭配来自法国隆河区西南边的“Costieres de Centenaire”，其圆润成熟的水果香气、均衡的酸度及尾韵带有一些巧克力与烟草香气配合着咸猪肉的辛香料感，细致的单宁与油脂结合，齿颊留香。

04

现流鲑鱼

NT$680

现流鲑鱼的油脂香与雪里红奶油酱汁交错出鲜咸深厚的滋味，新鲜雪里红的微微辣味，加上熏鲑鱼春卷的酥脆，让整道菜层次分明。建议搭配新西兰马尔堡的 Tinpot Hut，可融合料理中雪里红、甜玉米、奶油的香气，带出充满海洋风味的鲑鱼咸香。

05

炭烤猪梅花肉

NT$780

经过长时间炭烤的猪梅花肉软嫩多汁，上桌时再为客人浇淋上特制的烟熏威士忌咖啡酱，瞬间烟熏香气弥漫，为嗅觉、视觉感官带来极大享受。建议搭配来自法国南隆河区 Cairanne 村庄的 La Magnaneraie，浓郁的果香味、香料与烟熏香气，搭配着鲜嫩猪肉的炭烤香，还有酱汁中的威士忌、咖啡，各种细腻的滋味层层交叠。

Aj's Wine & Bistro

OPEN DATA

单位：新台币

营业基本DATA

每月目标营业额：120万元

店面面积：30坪（约99平方米）

座位数：30个

单日平均来客数：35人

平均客单价：1300元（餐800元+酒水500元）

每月营业支出占比

- 店面租金：14%
- 水电、网络：2%
- 食材、酒水成本：40%
- 人事：28%
- 营销经费：1%
- 杂支：10.2%
- 空间、设备折旧摊提：4.8%

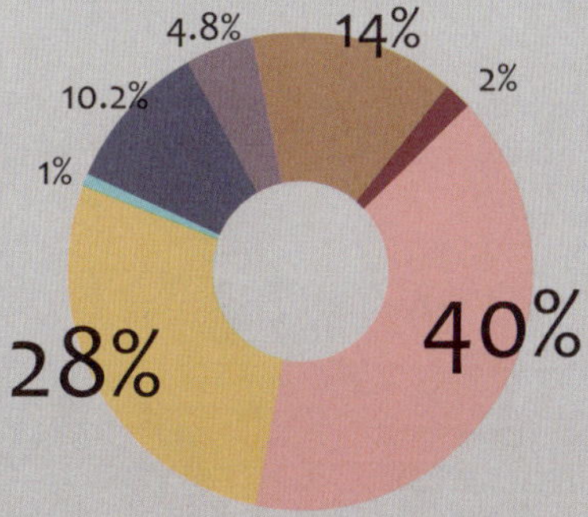

开店基本费用

筹备期：6个月

房租、押金：12万元（2个月）

预备周转金：250万元

空间装修费用：200万元
（包含改结构、装潢费用，设计费为0元）

家具软件、餐器用具费用：90万元

厨房设备费：60万元

初期料理试做费用：3万元

CI或LOGO规划、menu等周边小物设计与制作费用：20万元

营销物资费用：0元
（网络营销经营）

存货：约400万元

每月营业收入占比

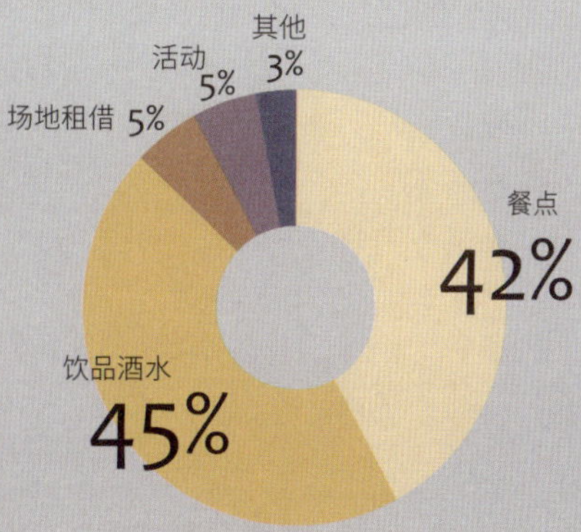

华庆 HUA QING
FOUJITA

当代混血

VG Cafe' Taipei

料理调酒双冠军团队
令人上瘾的台北微醺夜！

坚持生活美学，
主张可以讲究
何必将就的 VG Cafe' Taipei，
一心为客户提供
最好的餐饮及最舒适的氛围，
将餐饮服务当作艺术创作来经营，
提供给客户五感极致飨宴。

文·卢心权 摄影·星辰映像 雷昕澄

VG Cafe' Taipei

店址／台北市大安区复兴南路一段 279 巷 4 号

电话／ 02-2706-1068

Web ／ www.facebook.com ／ VGTPE

营业时间／周二至周五 17:00 ～ 1:00
周六至周日 12:00 ～ 15:00、17:00 ～ 2:00

目标客群／介于 25~50 岁之间，对于创意料理及服务接受度高的客人，60% ～ 70% 为女性客群

隐身东区捷运大安站附近的静谧小巷，VG Cafe' Taipei土耳其蓝的门面外框和厚重的铁锈门营造出低调优雅的贵气，让人忍不住停下脚步推门入内一探究竟。

经营团队中的Tommy原是程序设计师，多年前在澳大利亚学开飞机时，好友Eric在台湾开立艺廊，并想在艺廊中贩售咖啡，便邀Tommy一起回台经营。“台湾人看到艺廊空间，如果没有要买的作品，就觉得不太好意思进去，但将咖啡店与艺术空间相结合，吸引客人来喝咖啡，顺便看看作品，就可达到很好的破冰效果！”深谈之后，Tommy产生极大兴趣，便一头栽进VG Cafe' Taipei的经营工作中了。

A、D、E 红砖墙面、舒适的木质家具和经典的灯具，营造出北欧自然温暖的生活氛围。

B 细节处以铁艺物件彰显空间的风格个性。

C 因位居静谧小巷，大门门框漆以土耳其蓝，前来的客人远远便能一眼看到餐厅。

因应需求不断转型，从单瓶酒到创意调酒

初期的VG Cafe' Taipei，因优雅沉稳的空间环境令人感到舒适又放松，很快就吸引到不同产业的客群来此喝咖啡，顺便赏画。渐渐地，许多来客都提出“希望店里也能提供餐点”的要求。考虑到光靠咖啡厅的营收难以维持下去，营运团队决定将艺廊空间迁移，并拓展成立新的家具品牌；VG Cafe' Taipei原址则增设专业的厨房和跟吧台区，开始提供专业调酒和料理餐点，2012年正式转型为餐酒馆。“正式转型前主要贩售的是单瓶的酒类，常需陪客人喝酒来吸引消费，我的体重因此在数年间暴增40多公斤，深感这样的模式无法持续，遂决定以更优质的产品与服务来吸引客人。不过后来变成不断在试吃，则又变成另一种‘职灾’了。”Tommy苦笑说。转型后VG Cafe' Taipei对于品质的坚持反映在餐点的价位上，这让平均消费客单价顺利提升至1000元左右。

从艺术品到料理与调酒的艺术创作

开店之初，店址选在东区外围的小巷弄中，以降低租金成本。在空间设计上，入门接待处高挂的鹿角与艺术画作，还有铁艺制成的大拉门，仍承袭着过往艺术空间的氛围，用精品艺廊般的门面迎接贵客。但当你步入用餐区，不论是红砖墙面或舒适的木质家具、经典的灯具，一同建构出北欧自然的生活风格，希望客人感到温暖、舒服。“就像回到自己家般轻松，而非小心翼翼、正襟危坐地用餐。”平日生意好时，VG Cafe' Taipei会放慢节奏的音乐以平复心情；生意不好时，则会放快节奏的音乐让场子热闹起来。

一般人会觉得艺术高不可攀，但在Tommy眼中，所谓艺术，就是一位创作者持续专注地想把好的东西提供给大家。为了营造店里优雅、温馨的气氛，Tommy也常到欧洲取经，观察研究那边的生活方式与饮食文化，并将好的理念带回来，跟主厨、调酒师讨论如何在台湾呈现理想中的氛围或餐饮商品。“以VG Cafe' Taipei来说，我们的服务、餐点、调酒都是认真、用心呈现出来的成果，因此皆可视为艺术。”VG Cafe' Taipei的餐点除了选用好的当令食材，还坚持不用半成品，盘中所出现的所有酱汁、高汤等都是厨房团队亲手制作。

F、G VG Cafe' Taipei 不仅致力于设计餐点和调酒，更讲究餐酒之间的完美搭配。

H 为满足客人需求，特别为招牌料理“战斧猪排”设计了真空外带包，以供客人买回家享用。

双冠军加持，
每周开发新菜单

VG Cafe' Taipei的料理菜单主要由开胃菜、前菜、主餐，以及淀粉类主食等组成，其他还包括甜点、白酒、调酒或非酒精类的创意饮品。外场服务人员会向客人推荐适合其分量的单点菜色，让三五好友一起分享。VG集团有一个菜单开发小组，主厨和调酒师会定期召集所有工作人员开会讨论新菜色的开发，几乎每周都在研发新菜单，每周都有“Daily Special”新菜色。累积一年半载后，则会把客人反映很好的“Daily Special”加到常态菜单中，“保留60%的固定菜色，换上40%客人反映良好的新菜色”。在食材方面，则以台湾本地当季蔬菜和当季海鲜为主，并且以低温烹调、油封、腌制、日式熟成、烟熏等多种中西混合式手法来烹调。

VG Cafe' Taipei不仅致力于设计餐点和调酒，更讲究餐酒之间的完美搭配。目前坐镇VG旗下第二家餐厅VG The Seafood Bar的主厨陈子洋，在2018年荣获指标性厨艺竞赛——圣沛黎洛年轻厨师竞赛——的东北亚冠军；而VG Cafe' Taipei的调酒师岳佳毅亦于2018年荣获调酒界的奥斯卡——DIAGEO World Class——的中国台湾区冠军。有了料理、调酒双冠军的加持坐镇，VG集团餐饮的档次可见一斑。为飨客人，VG Cafe' Taipei亦提供招牌菜“战斧猪排”的真空外带包和以初榨橄榄油及十种不同的香料拌炒而成的特制辣椒酱供客人买回家享用。

用优质的产品与服务吸引客人，
才是长久经营之道。

用脸书“说菜”，抓住本质口耳相传

半路出家从事餐饮业的Tommy，入行后发现餐饮业有很多不为人知的故事，于是他从四五年前开始就在社交媒体上“说菜”，从主厨如何早起到公司备菜，到挑选食材、把关品质、烹调等多方面介绍，让客人了解到每一道菜的价值所在以及这些价值背后的成本，给予客人安心感。这样的“说菜”方式得到了许多回响，也让客人对于VG Cafe' Taipei中高单价的餐点更觉得花得值得。

早期VG Cafe' Taipei并无营销团队，也并未预设客人的年龄层与族群，只靠在社交媒体发文和口耳相传便吸引了许多熟客。近期，随着VG集团增设了营销团队，VG Cafe' Taipei有了强大的后援，除了重要节日的营销活动规划更完整外，也和其他品牌多了异业合作的机会，但Tommy表示：“增加曝光固然可以为店面的形象加分，不过最有效的营销方式，其实还是把经营的本质抓住，然后就会有口耳相传的效应！”未来VG Cafe' Taipei除了将继续以社交媒体为最主要的营销方式外，亦将拍摄一些“说菜”的影片，让客人更加了解VG Cafe' Taipei对食品安全的重视及对品质的坚持。

I、J、K 餐厅空间仍承袭着过往艺术空间的风格，入门接待处高挂艺术画作与吧台区的鹿角、枯枝，为餐厅空间中画龙点睛的要素。

L、M 不论是名片宣传物还是调酒用具，客人能看到的每一个地方都维持一定的秩序与美感。

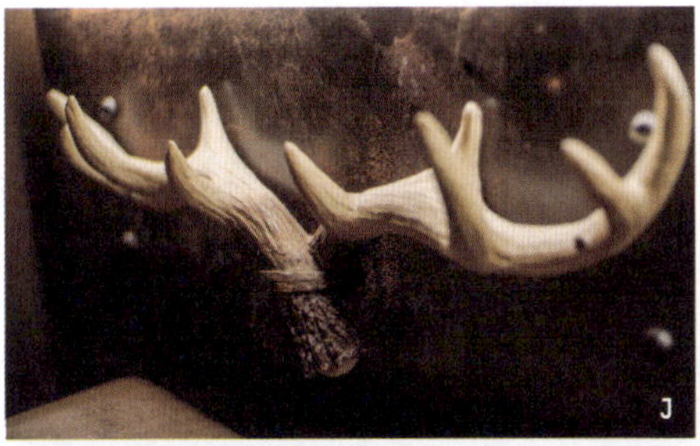
J

L

K

M

大小问题都透明化处理，设定阶段性目标

“只要是开店，每天一定都会遇到困难。”小至厨房漏水、地下室的灯不亮、菜单替换、桌上餐巾纸要放几张，大到整体环境不好营业额下降……有太多事情需要解决，而且时常会遇到重复的问题。Tommy说他通常会把问题拆开来处理，“一天解决一点点，大家就能感觉到整个团队有在进步。”从2018年起，VG团队运用APP笔记程序集中管理，将所有遇到的问题都列入清单中，由谁处理了什么问题，都可以同步让所有人知道，让信息透明化。

经历几次阶段性转型后，Tommy坦言：“经营的路其实起伏很大，而我们每

VG Cafe' Taipei 团队伙伴们。

VG Cafe' Taipei 三大特色

01

重视食品安全，坚持不用半成品，店内所用的酱汁、高汤与食材全是自制的；并在社交媒体平台上“说菜”，让客人充分了解餐点的价值成本；料理菜单多样化，每周均有“Daily Special”新菜色，每半年更新菜单一次，让客人能常常品尝到多元的好滋味。

02

环境颇具艺术气息，店内的装潢风格豪迈、随兴又温馨，加之以服务人员的热情友善，让客人来店时感到温暖、舒服，就像回到自己家般轻松，而非小心翼翼地用餐。

03

餐饮走精致化路线，讲究餐酒之间的完美搭配，料理与调酒背后各有完整团队，不断研发新品项，精彩的双刀流架构出 VG Cafe' Taipei 的不可取代性。

个阶段努力的目标也不一样！”一开始的目标是要努力让餐厅存活下来，对自己有个交代和让自己有成就感；经营到中期后，目标变成为客人提供如国外餐酒馆那样舒服的空间及高品质的调酒；近两年一起努力打拼的团队成员愈来愈多，大家皆有成家立业等生活压力，于是“培养员工，让他们能领到高薪、有职务上的升迁与成长”则成为Tommy现阶段的目标。

对于想从事餐饮业的有心人，Tommy建议在筹备期前，给自己一个月的时间每天问自己为何要开店，若持续一个月后仍想开店再行动；筹备期要做市场调查，要有具体的方向和目标，设定明确的对手，如此才会有具体的进步。此外，Tommy也建议：“筹备期务必准备总资金30%的紧急救援金，以备不时之需。”实际开店后，所要面对的都是“人”的问题；无论是要面对客人或是管理员工，都要把游戏规则设计清楚——例如来店是否设定低消、是否能带宠物，以及休假制度如何规范等，并且逐步修正改进，如此，经营就会愈来愈顺畅！

VG Cafe' Taipei

Signature Dishes

01

干贝 charpiao

NT$320

北海道生鲜干贝片搭配新鲜生菜，佐以酱油和柴鱼调制成的八方晶冻酱，咸中带酸，可充分将干贝的甜度提炼出来。长时间烘干后才下锅清炸的去油鸡皮有如饼干般酥脆，搭配软嫩的干贝相当开胃。酥脆、软嫩、清爽等多层次口感完美交融，使其成为人气前菜。

02

战斧猪排

NT$980

以法式低温烹调＋高温炉烤方式来调制猪第六至第十根的顶级猪肋排，肉质柔软并有煎烤焦香，配上蔓越莓红酒酱汁和自制蔬菜鸡汤玉米糊，口感极为丰富，兼具蛋白质的营养和青蔬的爽口。以特殊烹调手法、足够的分量、多层次口感和视觉美感来吸引客人，几乎是客人每来必点之人气主菜。

03

西班牙的伊比利猪

NT$1180

以加入剥皮辣椒的改良式巴斯克甜椒酱来佐拌吃橡树果的西班牙野生伊比利猪，直煎七分熟可完整品尝猪肉原味，软嫩无腥味且带有榛果清香。由于肉品油脂较多，缀以辣炒季节时蔬以增清爽，会建议客人搭配酸酿的调酒以解油腻及突出肉品风味。

04

烟花女干贝面

NT$450

将缇鱼、酸豆、番茄、橄榄清炒后长时间熬煮成细致酱汁来拌面，搭配鲜甜软嫩的大颗干贝，辣中带酸，相当开胃。此道面食是意大利特种女郎休息时用手边食材信手拈来常做的一道菜，以“佛心”的分量和丰富、平衡的口感来吸引客人。

05

赠予

NT$350

以蓝姆酒当基底去泡乌龙茶，加上利口酒及自制的迷迭香糖浆，茶香、酒香和糖浆的酸甜感完美交融，厚重口感格外吸引男客。把写上“赠予”的布料放入水中，布上的字会在 5 ~ 10 分钟内消失，以提醒客人在调茶最好的时机点品尝完毕。借由调酒师与客人间如朋友般的互动联结，以及在布条上书写姓名的专属感来吸引客人，适合作为生日献礼。

06

这不是津津

NT$180

自制的澄清小黄瓜水加上梅子糖醋，缀以如冰棒般亮眼的冷冻芦笋，酸甜轻盈有如沙拉般清爽。摇荡后泡沫绵密，边喝边吃格外过瘾。以 180 元的平价及酷炫的品名吸引来客，让不喝酒的客人皆可从这道醋饮中得到类似调酒的满足与新鲜感。

07

Espresso 马丁尼的 Twist

NT$350

由百分之百小麦蒸馏成的伏特加加入咖啡利口酒、橙花水、澄清番茄水，酒香、咖啡焦香、花香和果香极致交融，翻转来客对经典调酒 Espresso 马丁尼强烈刺激感的既定印象；有点甜又不会太甜的柔和口感就像咖啡甜点，特别能吸引女客。

VG Cafe' Taipei

OPEN DATA

单位：新台币

营业基本DATA

每月目标营业额：180 万元

店面面积：40 坪（约 132 平方米）

座位数：45 个

单日平均来客数：62 人

平均客单价：950 元

开店基本费用

筹备期：10 个月

房租、押金：24 万元

预备周转金：100 万元

空间装修费用：300 万元
（包含改结构、装潢费用和设计费）

家具软件、餐器用具费用：100 万元

厨房设备费：200 万元

初期料理试做费用：20 万元

CI 或 LOGO 规划、menu 等周边小物设计与制作费用：10 万元

营销物资费用：2 万元
（网络营销经营）

每月营业支出占比

店面租金：10%

水电、网络：8%

食材、酒水成本：34%

人事：31%

营销经费：5%

杂支：5%

空间、设备折旧摊提：7%

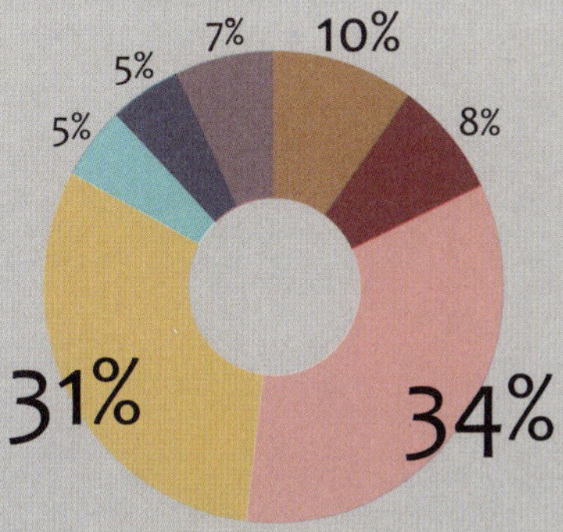

每月营业收入占比

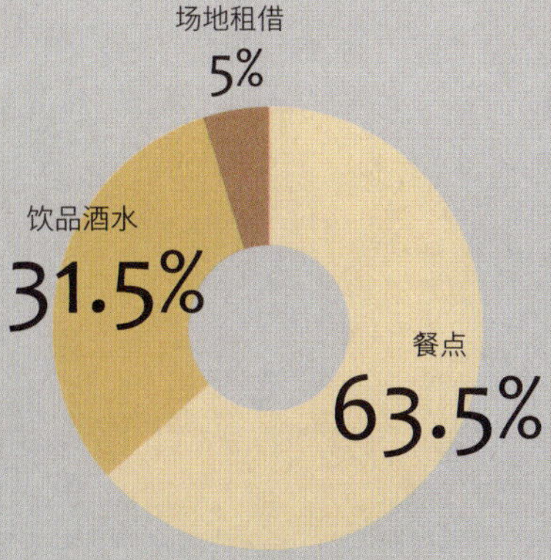

当代混血

dee 好得生活／南洋文化餐酒馆

品尝地道泰菜
徜徉于南洋风情的感官旅行

以意味着
美好、优雅、善的信念的泰文
『ดี- dee』为名，
dee 好得生活／南洋文化餐酒馆
希望每位来到店里的人，
不仅能享受到丰盛的美食佳肴，
更能感受到
dee 好得生活精心营造的
南洋文化氛围，
获得『美好的』感官极致体验。

文·卢心权　摄影·张艺霖

dee 好得生活／南洋文化餐酒馆

店址／台北市大安区敦化南路一段巷 157 号
电话／02-2741-0136
Web／www.facebook.com／dee.taiwan
营业时间／周一至周日 12:00～22:00
目标客群／25～50 岁重视生活品质、喜爱泰式料理的族群

"这是我从10岁开始就有的想法！"dee好得生活创办人黄允宸说自己从小就想开店，花了25年寻寻觅觅，终于酝酿出一个成熟的想法，找到自己想说的故事。

原来学产品设计的他，曾任Acer（宏碁）资深趋势开发设计师及HTC资深产品设计师。大学时了解到"亚洲黄金十年"的观念，并从世界趋势的发展中看出，在目前世界文化的大融合与冲击下，只有泰国等东南亚国家还未加入，潜力可期。他还发现泰国年轻的一代并不会想去颠覆传统，而是会尊敬传统、继承传统再将其与现代文化融合并发扬光大。由于对于有融合特色的泰国文化和泰国菜相当喜爱，黄允宸本着"做设计是在创造产品氛围，开餐厅也是同理"的理念，决定开餐厅以圆创业梦，并花了3年时间在泰国跟随当地大厨学习真正地道的泰国菜。

做设计与开餐厅，都需要创造好的产品氛围

因设计的养成背景，黄允宸十分重视餐厅氛围的营造，2015年开设dee好得生活第一个店面时，整体空间设计着重于“完整地呈现泰国文化”，大量使用回收木头与重新设计的五金，呈现曼谷新旧混合的演进过程，与泰文化的文化温度、生命力及新思维崛起相结合，以达到文化传承与重新诠释。2018年dee好得生活搬到新店址后，则以呈现新泰皇上任后的新泰国时代 / 新南洋意识思维为主，大量使用越南竹、泰国古董家具、皇室贵族的红铜器等东南亚各国混合材质，甚至使用原植物生态呈现，来表达南洋当地的意识形态崛起和经济崛起。客人到店后仿佛置身泰国，能感受到南洋文化的优雅、美好与融合特质。

分享美好的事物，创造与客人共同的联结点

黄允宸一直以来都希望借由创造富有温度和意义的事物来分享传递人性中的温暖与价值；而烹饪对他来说便是如此。在泰国流浪的那段时间，黄允宸感受最深的莫过于泰国人对于生活的态度与美学以及文化世界观。在经过长时间的历练与自我成长后，他重新定义了“好的人和事物”，并借由dee好得生活这样的平台去分享他心中美好事物的异想世界。

A 竹编灯混合绿叶植物，搭配其他泰国古董家具、皇室贵族的红铜器等物件，一踏入店里便能立即感受到浓郁的南洋当地美学氛围。

B 竹编灯的元素由内延伸至外侧走廊，成为敦化南路上极为显目的店面风景。

C 由上垂吊而下尺度巨大的越南竹编灯，是特别定制的特色灯具，点亮整体空间氛围。

dee好得生活原先设定的主要消费客群是“30~35岁，想要享受好的生活的人士”，开店之后，女性顾客占70%，顾客年龄集中在27~40岁；放松而商业性较淡的地理环境，意外地吸引到一些45岁以上的顾客，而地道的泰国风味则吸引不少去过泰国旅游回来、想再次回味地道泰菜的人。黄允宸强调，Dee好得生活的服务方式很友善，但不会完全以顾客为主，而是把顾客当作朋友，并主动去了解顾客需求，用专业建议帮顾客贴心配菜、制作菜肴，并且与顾客交流而产生联结。平日黄允宸与员工的互动亦是如此：在工作上虽有上下级之分，但用餐时都是一起吃一样的东西；下班后，他甚至还会与员工一起吃夜宵、喝酒，就如朋友一般。

原汁原味重现，
坚持最地道的滋味

dee好得生活的主要料理菜单包括传统南洋地方料理、南洋海岛式料理及精选啤酒、南洋海岛式调酒、精选红白酒等。由于坚持料理成果要做到如当地一般，因此需使用的新鲜香料与特殊食材多达90%直接进口自东南亚。为了给顾客提供健康、无负担的味觉体验，dee好得生活一概使用新鲜香料来做酱料与冷热食，从温度与湿度严控酱汁的品质与酸碱度，以保持酱汁的稳定度与独特性，顾客入口后的感受温润深长。而其他店家经常会使用成本低廉、味道强烈的化学香料，这些香料非但没有口齿留香的余韵，而且其化学成分对人体有害无益。这体现了dee好得生活坚持要带给顾客美味须和健康同在的理念！

一个具有回忆温度的品牌，经得起时间与市场的淬炼！

招牌菜海鲜虾饼是用新鲜的海鲜与虾浆制作，以取代坊间惯用的低成本薄饼。上桌时鲜香扑人，表皮金黄香脆，内馅口感扎实而有弹性，蘸酱吃酸香开胃，让人忍不住一片接一片，量多味美，是一款客人必点且公认值回票价的料理。

营销着重口碑式传播

在经营策略上，黄允宸说自己一直在寻找更有趣的模式来提供服务。过去dee好得生活只做晚餐及夜宵时段，后来搬至新地点后，他在观察来客数量与时间段后，将消费模式与菜单架构重新调整。现在以中午跟晚上为主，并新增了午茶时间，3个时间段提供不同品项的菜单。经长时间反复试练后，不时也会出现惊喜菜色。

D

E

D、E、F 对黄允宸而言，开餐厅与做设计一样，须创造出好的产品氛围，因此店内处处可见他亲自从泰国各地带回的艺术雕塑物件。

G 于玻璃窗前设置菜单架，让客人能同时浏览菜单和感受到店内的用餐气氛。

F

G

现今许多商家都利用网络营销来打开市场，dee好得生活也在多个社交媒体平台上做营销，而黄允宸认为营销的核心精神还是在于“先把本业做好”，希望回归最原始也最具穿透力的好口碑相传模式，以扎实的职人精神去把餐饮的本业做好，把餐饮做得好吃，并让店里的环境氛围与时变化、创新，然后通过人与人之间真实的记录与分享，自然地吸引顾客。

设定具弹性的SOP，富有实验精神

在管理方面，除了重视生产成本、料理品质、人力调配外，黄允宸还拟订了烹饪的SOP，将配料、配重标准化，以维持餐饮品质的稳定。同时，基于“人是活的，料理是活的，环境是活的”，他设定了弹性的流程规范，保留了一定的空间让厨师灵活调整。此外，dee好得生活的员工每隔一两个月就须轮调一次，每位员工须熟悉不同岗位的流程规范，并接受团队的考核，以保证餐点与服务品质的稳定度。

有主见、有想法的积极员工是团队的财富，在对待他们时，领导者要有智慧，懂得尊重与放权。黄允宸在设定好厨务的大方向后，也会允许员工在实际执行时尝试不同的做法。“遇到不同意见时，我通常会用实验的方式先让员工用自己的方法去做，如果行不通，团队自然会正向沟通并让员工接受原先设定的方法了！”例如先让厨师在容许范围内弹性调整一些细节，然后观察一段时间，如果在这段时间内

J、K、L 所使用的新鲜香料与特殊食材多达 90% 为进口，料理品质与味道水准与当地如出一辙。

H 店内也贩售精选自泰国与东南亚其他地方的生活用品。

I 内外场以玻璃区隔，塑造视觉上的延伸效果与空间上的通透感。

接到的客诉较多，黄允宸就会要求厨师改回原来设定的做法。这样的方式运作起来有时不会很顺畅，而且会花很多时间，但会让员工有参与感，且能碰撞出更多的火花，学习到新东西。

把反馈当作改进动力，永远保持热情与自律

在过去从事设计的15年中，黄允宸鲜与顾客直接互动以得到直接反馈，而投入餐饮业后，他才开始真正直接面对顾客的挑战。“在餐饮业里，顾客的感受是好或坏，都会直接与明确地显现在他们的情绪与表情上。”一开始，面对顾客的批评，

黄允宸感觉很受打击，但后来换个角度思考，觉得客户的反馈其实是让dee好得生活和自己进步的动力，于是，他以谦卑的态度去面对一切，把任何反馈都当作提升自己人生的养分。

在创业过程中，从与房东起纷争，到从泰国请来坐镇的泰籍主厨因家中有突发事故不得不回国，独留他撑起厨房，黄允宸说自己几乎什么怪事都经历过了，不过他并未被困难击倒，而是从容地面对一切。对黄允宸来说，做餐饮就像是一种意志力的挑战。“一定要自律，才能坚持细节，给予顾客最完美的体验。”无论是硬件方面还是软件方面，dee好得生活皆无固定模式，并会将营收提出固定比例，用在餐点研发与硬件设备的提升上，持续寻求突破与成长，让顾客每次来店都能有不同的体验。

从开店的第一个月起，dee好得生活就获得正营收，熟客的回流率约有八成，但黄允宸并未因此而自满。他每天都不断地思考该如何把店做到最好，并且不断地修正、调整；他期许自己把经营Dee好得生活的每天都当最后一天来做，把每一件事都尽力做到完美！

M 错落的光影使空间充满慵懒、缓慢的氛围，这是dee 好得生活营造气氛的秘密武器。

dee 好得生活／南洋文化餐酒馆 三大特色

01

为了给顾客提供健康、无负担的味觉体验，一概使用新鲜香料来做酱料与冷热食，让顾客体验到深长温润的味觉记忆；坚持食物原萃，新鲜香料与特殊食材 90% 从东南亚进口，且经严格筛选。

02

提供地道的原味泰国菜和有质感的南洋文化氛围，让顾客在台湾就能享受到泰式生活美学所带来的温度与美好，体验到南洋文化的优雅与融合特质。

03

在硬件或软件方面皆无固定模式，将营收中的固定比例提出用于餐点的研发及硬体设备的提升上；就像一个实验场所一般，持续寻求突破与成长，让顾客来店时常能有不同的体验、感受。

dee 好得生活主理人黄允宸。

做餐饮就像是一种意志力的挑战，同时要有自律力，如此才能做好细节！

dee 好得生活／南洋文化餐酒馆

Signature Dishes

01
传统特制酱河粉

高端饭店式烹调的炒河粉带有锅气、温润不烂，缀以香脆不烂的豆芽菜和韭菜，淋上特制酱汁，口感丰富细致如泰国的意大利面。以地道泰国味和细致口感吸引顾客，价格平实，是入门菜色。

02
炭烤烟花猪

新鲜黑猪肉晒干后以新鲜香料腌制；以烤牛排的烤盘模式炭烤，外面金黄焦脆、里面肉质软嫩、油脂丰富而不腻，吃起来惊喜连连，很适合搭配啤酒。以平价及迥异于一般烤猪肉的泰式家常口味来吸引顾客，是顾客必点的热门菜。

03
炭烤娘惹海鲜佐现做香料蘸酱

炭烤北海道扇贝和深海大虾，外酥内软、嚼劲恰当、肉质鲜美；蘸以新鲜香料打成的特制酱汁，口感扎实而不腻。此为限量限定的海岛式料理，以诚意十足的六颗大扇贝和六只大虾来吸引顾客，单价较高但适合四五个人分享，顾客喜爱度很高。

04
新鲜手炒绿咖喱（鸡腿肉／牛肉）

新鲜香料打成碎泥，再加入大量的油去炒绿咖喱，香料碎泥的香气与精华会进入油中，让咖喱香气逼人，有别于坊间没有油因此没香气的化学咖喱。遵照泰国传统，以奶水而非椰奶来调制以保留咖喱原味，并在烹煮过程加入新鲜香料，香气温顺扑鼻。

05
夜曼谷

以威士忌为基底，加上柠檬汁、苏打水，最后再倒入暗红的石榴汁，一层层堆叠渲染出由淡转浓的橙红色调，宛如曼谷从黄昏转入夜晚的天空。因视觉效果亮眼，最适合拍照打卡，因此是女性顾客的最爱，喝起来微苦中带有清新果酸。

06
dee 好得手冲泰式奶茶

用泰式奶茶专用的泰国手标红茶茶叶冲泡，炼乳以当地的茶摊必备的小量杯计算，调和出香甜的完美比例，再加入台湾的仙草，变化出 dee 好得版的手冲泰式奶茶。兼具泰式传统风味与台式喜好，点单率第一。

dee 好得生活／南洋文化餐酒馆

OPEN DATA

单位：新台币

营业基本 DATA

每月目标营业额：150 万元

店面面积：29 坪（约 96 平方米）

座位数：53 个

单日平均来客数：45 ～ 75 人

平均客单价：500 ～ 700 元

每月营业支出占比

店面租金：15%

水电、网络：5%

食材、酒水成本：45%

人事：35%

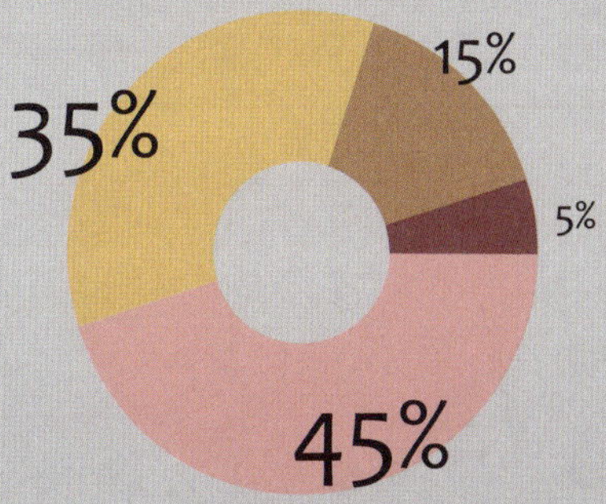

开店基本费用

筹备期：36 个月

预备周转金：200 万元

空间装修费用：257 万元
（包含改结构、装潢、设计、购买家具与设备的费用）

初期料理试做费用：100 万元左右
（包含在泰国学习料理的相关费用）

CI 或 LOGO 规划、menu 等周边小物设计与制作费用：好得团队／自行设计　0 元

营销物资费用：好得团队／自行规划
0 元（网络营销经营）

每月营业收入占比

餐点：55%

饮品酒水：30%

场地租借：3%

活动：5%

自营或周边商品：1%

外带外送：6%

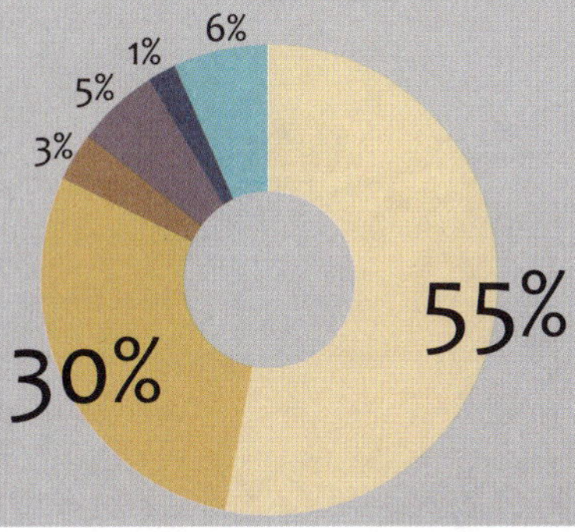

頂級牛肋眼
和州牛板腱

肉大人 Mr. Meat
肉铺火锅

结合“火锅”与“肉品选物店”概念
精品锅物前锋品牌

踏入沸腾的火锅市场，
肉大人为锅物爱好者提供
多国肉品，搭配发酵汤底，
并让东西方食材新结合，
除了深受本地人喜爱，
更因美日媒体报道，
吸引不少外地客拜访。
不以火锅的单一经营模式划地自限，
酿造出多元形式的美味。

文・王涵葳 摄影・张艺霖 图片提供・肉大人 Mr. Meat 肉铺火锅

肉大人 Mr. Meat 肉铺火锅

店址／台北市敦化南路二段 81 巷 35 号

电话／ 02-2703-5522

Web ／ www.facebook.com/mrmeathotpot

营业时间／周二公休，12:00 ～ 14:30、18:00 ～ 22:30

目标客群／ 30 ～ 65 岁对生活品质有基本讲究的美食爱好者

往冒着白烟的汤锅里放入青菜、菇类，肉片则快速地涮过，烫得刚刚好时，马上夹起蘸点自己喜欢的酱料，一口咬下热腾腾的食物，这种畅快正是吃火锅的幸福。台湾人热爱吃火锅，市场竞争十分激烈，除了提供粗饱路线的大众平价锅物，提供特定形式、口味或考究汤头、肉品等特色鲜明的精品小火锅店也一一崛起，专攻重质胜于量的老饕市场。而位于台北大安区巷弄内的肉大人 Mr. Meat 肉铺火锅可算是此股潮流兴起的前锋品牌。

创业养分是
家学渊源与生活体验

结合“火锅”与“肉品选物店”两种概念，餐厅服务人员围着红色皮质围裙，宛如欧洲时髦肉铺般的明亮展示，玻璃柜里的肉品严选自世界各地，油花分布

漂亮均匀、色泽粉嫩，透露出经营者陈冠翰对于品质的严谨坚持。虽然家中父辈经营火锅名店稳定有成，但他没选择参与家业，反而另辟出一条拥有自我风格的道路。

由于在火锅店里度过大部分的成长岁月，陈冠翰长大后对餐饮业很感兴趣，但他并没有急于开店。因大学主修西班牙语，语言优势让他有更多机会接触他国文化，培养出更宽广的视野，同时，随着生活与工作经历的累积，他的创业轮廓慢慢

变得鲜明。“店名之所以叫肉铺火锅，是因为我去西班牙旅行时，觉得当地的肉铺概念很适合与台湾的火锅餐饮形式相结合。”将在外见闻与家学历练相结合，逐步诠释出属于自己的火锅配方。肉大人主打发酵锅底，再加上以各国优质品种猪肉为号召。“我想这是一个非常好的结合，将新的品项融合在一起，不但象征着这个时代的趋势，也能代表我自己。”

感受时代的需求变化，架构品牌核心、精准营销

吃火锅的形态与火锅价位在台湾非常多选择，从本身喜好出发，陈冠翰愿意花多一点钱提升品质与服务，这必定会使得成本较高，肉大人的菜单价格便落在中高价。另外，个人锅的用餐方式来自他对市场的观察：“大火锅与小火锅有着不同的

A 严选高品质的各国肉品，是肉大人在市场崭露头角的最大因素。

B 店内装饰特别使用近年当代艺术常见的霓虹灯饰，点缀出前卫的空间感。

C 邀请涂鸦艺术家前来装点门面围墙，打造属于肉大人的专属角色。而肉大人简单好记的名字，有来自长辈的提点。“早一辈人会选择对称的字体当成店名。做成招牌正反面看起来都相同，没有方向性。”

C

消费情境。”多人一同吃火锅是传统的习惯，但伴随社会结构的改变与西方饮食文化的风行，吃小火锅不需相约的自主性，其实更适合现在的家庭组成与个人用餐需求。

因与品牌定位相结合，肉大人来客逐渐形成以下特征：独自用餐的单身女性、年轻族群和为数不少的日本客人，而最能理解肉大人品牌价值的熟客群比他们预期的年龄要偏大一些，对此，在选择合宜的营销方法时，看准信用卡别所属的高端用户，借由和信用卡公司合作，提供刷卡优惠，扩大来客族群。

创业第一件事情是要写下菜单，然后用菜单去计算成本。
D

打破淡旺季，
让客人在夏天也想吃火锅的秘诀

端午过后直到临近中秋是台湾长达好几个月的溽暑，对于火锅店的生存状况，陈冠翰是从小看到大的。面临淡季来客的急剧减少，肉大人不在价格上竞争，而是强化餐点内容，研发季节限定锅底与冰品，过往曾在夏日推出清爽的“酸酸番茄开胃锅”、温补的“肉骨茶可可锅”，后来在经营形态上做出变化，化身为“肉大人午间面铺”，将热门汤头做成汤面和干面，以亲民价格和不费时间为吸引力，受到周边上班族的青睐。另外，火锅店必备的冰品，不因方便行事选择现有品牌，而是寻觅厂商做出特色产品，以肉为发想，陆续与台南蜷尾家合作“Meat棒”或与宜兰小林冰堂合作“肉纹冰淇淋”，外观吸睛又美味消暑。

火锅备料可以由少数供应商包办，而在肉大人前期筹备中，在找食材上花费最多心力，但这却也是陈冠翰觉得最好玩的部分。他会时常找朋友来家中“试锅”，测试不同肉品与汤品的结合，每样配料皆为主角，都由叫得出名字的信誉商家供货。主导肉大人对外营销方向的陈祖平，是陈冠翰的创业伙伴以及人生伴侣，酒店管理背景出身，拥有扎实的营销公关经历，她为肉大人的品牌定位做出了一个有趣的注解：“每家店都有自己的风格，如果是以音乐来说，我们认为自己的店像独立音乐。”不走迎合大众市场的套路，用心开发自己的路线，也不排斥与他人合作，陈冠翰将肉大人视为交流平台。“在经营上分享是很开心的。对于顾客而言，他们也会想知道这些食材是从哪里来的。”

D 墙上的装饰画并非真实的肉纹。灵感源自18世纪油墨印刷过程中所产生的纹路，乍看就像油花局部图，设计师将此转换为空间中的主要视觉。

E 个人锅的用餐形式，贴合现时的饮食方式，一个人到火锅店也可以吃得好又吃得巧。

外媒争相报道，回归服务基本面

肉大人在精品小火锅领域能拥有一席之地，靠的是顾客之间的口碑相传，另外也有营销助力，甚至有外媒登门采访：开业三年间，有来自《纽约时报》的美食专栏，也有包括《食乐》等日本杂志相继报道，使得不少外国旅客按图索骥慕名而来。到店的外国人中又以日本客来得最为频繁。面对为数不少的外籍客人，服务层面需再进化，肉大人便开展了针对菜单和外场人员的训练。“我们会请家教老师来教大家基础日文。”口语不足，就得靠菜单的精准翻译来弥补，为此，肉大人特别请来精通日汉双语的前日籍外交官为肉大人日文版菜单写下生动又活泼的描述。

> **做餐厅管理，不能只看最好的地方，而要看哪里做得最不好，把它改进，才叫作管理。**

经过“发酵”的美味关系，吃火锅也能享受餐酒乐趣

正如肉大人的诞生来自陈冠翰的多年酝酿，对于发酵这件事，他怀着满腔热情：“我非常喜欢发酵，因为需要花时间，不能速成。”店中每样锅底研发都以此为源头，开店前他还进修了葡萄酒知识。“同样是发酵产品，我觉得里头有些数据可以参考。”肉大人开发了前所未有的餐酒搭配。“葡萄酒里的丹宁是风味的地基，让接下来进到口中的食物像盖房子一样层层叠叠，变得更丰富。”发酵食材加乘搭配，构出迷人的滋味，肉大人在墙上这么写着：“发酵是件奇妙的事，经过发酵变成新食材；人也是，经过时间历练变成更成熟的人。”

除了红白酒，肉大人也提供啤酒。除本地精酿啤酒外，有一款价格不寻常的酒也藏身其中，那就是被昵称为“香槟啤酒”的西班牙金星啤酒。这是来自传奇餐厅“斗牛犬”（Eli Bulli）里专属料理的搭配酒款，由当地葡萄酒老厂以三种小麦酿制而成，原为店中限定，而后才对外量产发售。这款啤酒带有迷人的清爽花香与果香，细腻的气泡如香槟，与厚实口感的锅物相得益彰。

F 火锅佐红白酒的搭配设计，让吃火锅的过程更享受。

G 宛如欧洲时髦肉铺般的明亮展示，来者一眼即能看到玻璃柜里的新鲜肉品，不但便于挑选，也吃得安心。

经营者的责任与义务，时时谨记心头

陈冠翰认为，创业者自己觉得好玩、有趣的事物才有发展下去的可能。而看似轻松的背后，是他在食品卫生方面的严谨态度。回溯规划店内蓝图，他选择从厨房着手。“第一个是安全考量，厨房有两个门可进出，另外，在工作环境中保留空间转身。储藏空间也很重要，在食品卫生上，定期进行安全讲习，并会让员工进修关于食品安全的课程。”对外做到品质把关，对内做到对员工以诚相待。很多隐形支出只有当老板后才会知道，员工的保险、供餐、进修……皆是必须投入的费用。也许在一般人想象中，餐厅只要有个厨房，摆上桌椅就可开店经营了，但实际上开店之后才是创业真正的挑战：营业额的考验、维持一家店的生计、照顾员工的责任。“单纯好吃是不够的，这里头有太多的因素需要考量。”

F

餐饮业的不变法则，除了家人的耳提面命，陈冠翰在亲身创业后更有体悟。以肉大人的名字踏出稳定舒适圈，想在年轻的时候用自己的力量在餐饮业做到青出于蓝更胜于蓝，陈冠翰用火锅作为创业起始点，秉持着开放思想、勇于创造的特质，在未来还有更多他想尝试的领域。

G

肉大人主理人陈冠翰。

肉大人 Mr. Meat 肉铺火锅

三大特色

01

以发酵为主轴，研发各式汤底，结合中西食材，就如同美食选物店，除了肉品，蔬菜也是用心选择，让素食者前来也能安心享用。除了主餐无懈可击，甜点冰品也令人期待，与本地优质品牌合作限定冰品。

02

酒单中除了台湾精酿啤酒，在火锅店里享用葡萄酒佐餐更是独创，酒中丹宁让肉类的香气与口感更显层次，提供给讲究的老饕新的搭配。

03

以汤头为开发品项的源头，不以锅类发展为局限，淡季推出面食吸引顾客，更推出外带包装及年菜，进军连锁超市。

肉大人 Mr. Meat 肉铺火锅

OPEN DATA

单位：新台币

营业基本DATA

每月目标营业额：150 万元

店面面积：36 坪（约 119 平方米）

座位数：48 个

单日平均来客数：65 人

平均客单价：900 元

开店基本费用

筹备期：2 个月

房租：15 万元

预备周转金：150 万元

空间装修费用：350 万元

家具软件、餐器用具费用：100 万元

厨房设备费：90 万元

初期料理试做费用：5 万元

CI 或 LOGO 规划、menu 等周边小物设计与制作费用：25 万元

营销物资费用：0 元
（网络营销经营）

每月营业支出占比

店面租金：8% ～ 9%

水电、网络：2%

食材、酒水成本：35%

人事：35%

营销经费：2% ～ 3%

杂支：2%

空间、设备折旧摊提：14%

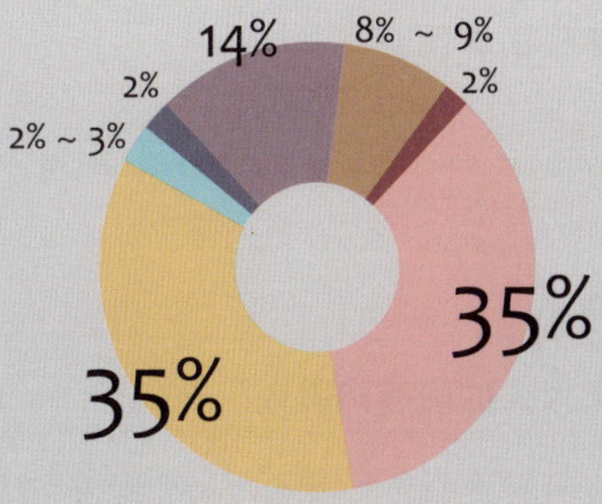

每月营业收入占比

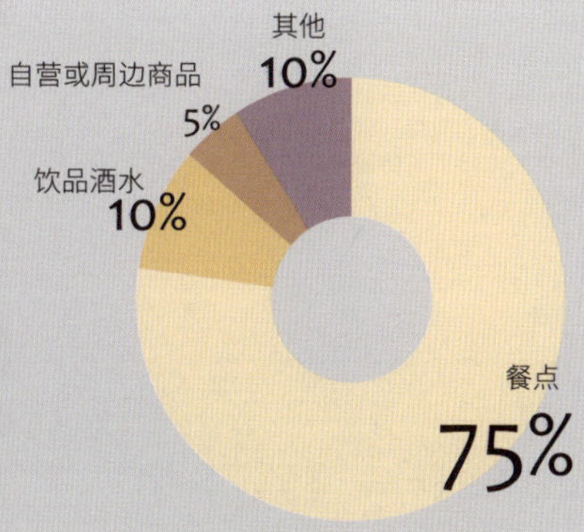

Signature Dishes

01

酸白菜锅底

锅内的主角严选台南老字号延龄堂的高粱酸白菜，再加入白菜进行二次发酵，酸甜开胃，四季都合宜。内含高品质蔬菜，搭配南门市场的蛋饺与汆丸子、名记豆皮，食材样样棒。

02

云林究好猪

来自云林的究好猪，肉带皮的口感，肉大人亲访产地，肉商从饲育到配送一条龙生产作业，全程履历追踪掌握好品质。

03

魔女圣地 Falanghina 单杯白葡萄酒

以酒佐火锅，来自肉大人的私房推荐，也是独创特点。发酵食品在口中相遇的美好，堆叠出不同层次的风味，提供餐酒搭配新选择。

04

肉大人的阿嬷肉臊饭

这是陈祖平分享的家中常备菜，下饭的肉臊来自阿嬷的独门配方：台湾黑猪肉、辛香料、洋葱、香菇一同卤制，甘甜滋味来自细脆的红萝卜，是一款让小朋友不挑食、大人扒饭的开胃好料。

05

泡椒麻辣锅底

曾经的冬季限定汤头，因抵不住嗜辣者的喜爱，成为菜单里固定一员。泡椒经过发酵，为麻辣带出层次感，锅底内含经典配料豆腐鸭血以及牛肚牛筋，满足吃辣的瘾头。

06

伊比利猪梅花

肥瘦比例9：1的伊比利猪，搭配酸白菜锅底煮上5分钟，大家害怕的白花花油脂转化成带有坚果香气而入口不腻的美味，是初访肉大人的最佳选择，也是熟客的最爱肉款。

07

肉纹冰激凌

由宜兰小林冰堂独家制作，选用红色系水果，混色做成肉纹视觉感的清爽冰激凌，是吃完火锅的完美句点。每批口味采用时令水果限量发售。

08

麻辣猪脚

选用究好猪的猪脚与尾巴，以私房老卤花时间慢卤入味，Q劲富含胶质的口感，除了堂食，也提供真空包外带选购。肉大人曾在过年期间推出外带年菜，麻辣猪脚是其中一个精选菜色。

URBN culture

给杂食者的饮食新提案

近年的台北饮食圈，
满溢着有目共睹的精彩丰富，
不用远赴他方，就有尝遍各国料理的机会，
除了不同菜系，
以『吃』引出背后的饮食文化，
更让人有思考层面的反刍。
不特意标榜自己是蔬食餐厅的
『URBN culture』，
想用食物，
让大家更有意识地进食。

文・王涵葳 摄影・张艺霖

URBN culture

店址／台北市大安区基隆路二段 252 号

电话／ 02-2378-8322

Web ／ www.urbntw.com

营业时间／平日 12:00，周末或法定假日 11:00 开始营业
周五、周六供餐至 22:00，平时供餐到 21:00

目标客群／蔬食者，勇于尝新、喜好文艺的年轻群体

位于大台北忙碌的交通枢纽上，高架桥入口的大马路旁，独栋的URBN culture有宽广的两层楼，灰蓝的建筑衬着高大的绿荫，在冷调色彩的基底上是挥洒着店名的涂鸦墙与红色的户外座椅，给人视觉上的反差冲击。店名里的“URBN”是英文Urban 的缩写，主理人Jun对于都市文化的样貌没有刻板印象，她觉得每个城市都有属于自己的文化。她出生于马来西亚，在纽约生活多年，当过舞者与乐手，这些年定居于中国台湾地区，开启以食为业的大门。

在通往成功创业的路上

URBN culture其实已是Jun经营的第四个餐饮品牌，一开始踏入这个行业，

A、B、C 在城市中带有粗犷工业感的外观，让人惊呼其和纽约布鲁克林有着相似气息。

D 主理人 Jun 拥有艺术背景，曾旅居世界各地，为 URBN culture 注入不同地域的文化气息。

是因为有段时间她常去台北的“乐子咖啡”用餐，后来提出合作想法，从熟客变成合作伙伴。在合作的这段时间里，她开始修习瑜伽，同时秉持环保的理念，慢慢在饮食中减少吃肉的量。当时有一位常客并不是蔬食者，但最喜欢的一道菜却是时蔬意大利面，他喜爱到对Jun说出：“我愿意在这里当个蔬食者！”这让Jun灵感涌现：“如果我开一间餐厅，都是无肉料理，但没有标榜蔬食呢？”当时蔬食料理在台湾尚未兴盛，众人对于无肉料理仍停留在养生的概念中，Jun期望以此打破这个成见。

在与他人合伙创立品牌、经营的过程中，必定少不了团队间的意见分歧，但每一次的不顺利都是学习，每段事业都为Jun串起下一段事业的开端。多年后她决定离开过去一手打造的餐厅，开启在餐饮领域的全新代表作URBN culture。

重返创业原点，
开创事业新高峰

让你吃了感觉良好的真食材——这句话写在URBN culture的简介里，意味着Jun不想把店定义为蔬食领域，而是定义为一家让人对于“吃”拥有更多意识的餐厅。“每一次吃东西，你都有意识地了解吃进嘴巴的是什么东西，并意识到自己可以有更多选择。”

“吃”并非单纯求吃饱，或是满足口欲。回应着Jun的初衷，开店后实际来客

族群中非蔬食者的比例占了半数以上，URBN culture确实成为各种族群都喜爱的无肉餐厅。Jun从不刻意只采用某种特定饮食，她会提供伙伴们不同思维的菜单，给予大家多方尝试的机会。“有些伙伴在这里工作之后，不知不觉中就一周没吃肉了。也有一位伙伴目前已经是蔬食者，甚至考虑进入全植（Vegan）。”想推动不同的饮食习惯，Jun认为不能操之过急。

当精酿啤酒遇上蔬食文化

店内的左侧墙上，有着精酿啤酒制程的插画；吧台上有一整排啤酒拉霸提供最新鲜的啤酒，这是URBN culture的坚持。精酿啤酒差异缘于不同酿酒师的材料选择、酿制的手法，小厂牌比起罐装商业啤酒更有独立性的特质，也与Jun想传达的品牌故事线相贴合。“原先我没有特别爱啤酒，开始接触时，每次去喝都会遇到热情的朋友和我分享如何品尝啤酒和酿酒的故事。”啤酒不分年龄族群的特性，以及精酿啤酒近期掀起的风潮，为URBN culture的原创精神增添风采。

不分族群
都会喜爱的用心料理

尝试过全植（Vegan）、无麸质与生酮饮食的Jun，正因为自己正在经营餐厅，更能理解不同族群的需求。在URBN culture的厨房内场，从冰箱、烹煮器材到食器，严禁碰触荤食，菜色中保留对蛋奶、辛香料的调整幅度，这是对蔬食者的品管保

E URBN culture 的独立精神也体现在酒类挑选上，提供新鲜的现拉精酿啤酒，多款有记忆点的风味，有别于商业啤酒的单一口感。

F 不以装潢掩盖建筑物特色，装修阶段加入不同巧思，释放空间的结构。

证；对于非蔬食者，不牺牲食物的色香味，菜单里有道“全植水牛城辣鸡翅”，选用印度尼西亚传统食材“天贝”——发酵过的大豆——压成的饼，吃起来有着鸡肉的口感，配上腰果起司酱，兼顾美味与健康，全然打破对吃素的固有印象。谈及食材的选择，回归主轴里“有意识地进食”，选用无抗生素的鸡蛋、无基因改造的食材，切实把关吃下肚的东西，也同时对环境尽点心力。注重成分的细心，也推及啤酒的成分上，“啤酒都是素的，但对全植客人来说，如果里面有蜂蜜或黑啤里常用的乳化剂就不行。”

URBN culture长期推广“周一无肉日”，不收服务费，是对非蔬食者的邀约。“如果我用说教的方式去宣传饮食和环保应该要怎样做，这会让人在吃素时带有内疚感，这不是我想要的。”

不只是餐厅，
还是文化交流的场域

对初访URBN culture的人来说，除了食物惊艳，还有环境整体氛围带来的享受。在装潢的阶段，Jun表示：“我告诉设计师主要的概念方向，然后就交由他自由发挥了。”不刻意修饰，保留粗犷美感。“拆除天花板的隔板，露出房子的原始结构；门外的电箱，不是用全部包起来的方式掩盖，而是用装饰让它与环境融合。”

从正午时分到深夜，客人在其间的不同时段来到URBN culture，或是坐在不同角落，皆能体会到不同气氛。一楼的座位紧邻着吧台，热闹而人声鼎沸，想感受城内的年轻气息，坐在这里准没错；走上二楼，便切换至不同场景，选个有阳光的午后，让洒进来的光线透过大片落地窗，为用餐时刻增添悠闲。空间里讲究的设计心思，也经由不同配置展露无遗，方桌、圆桌或长桌，满足不同的来客结构，每把椅子都不同，却和谐共存。这与Jun不分族群的理念相互呼应。

空间里的多元性，不只呈现于风格，里面的活动也很值得一提。URBN culture不仅是一间餐厅，还曾举办过讲座、手作工作坊与展览。

找出与自己事业的平衡感

URBN culture曾在百货地下街有驻点，开立分店URBN Underground。Jun说：“百货公司的属性，和我们这样的style（风格）不完全适合，合约到期后也就不续约了。”她重新调整了经营的步伐，未来如要拓点，会是全然不同的模式。

Jun的创业经验丰富，曾有朋友向她请教开店秘方。她认为，清晰的动机是创业的第一步。“做足功课

G 不定时举办工作坊、展览，多元化地经营，创造人与人之间交流的机会。

H 二楼落地窗前的沙发区，是Jun推荐的店内最舒心的位置。

后，要能完整而简短地说出理念。”除了理想，更要清楚自身的市场辨识度。“想开一家不赔钱的餐厅，一定要先分析能赚钱的理由。”员工流动快速，对中小规模的餐厅来说会是潜在危机。“因此在开店之初，最好能亲力亲为，并对各事务有着清晰的理解，这样就不怕着急时找不到人。”

回顾创业遇到的困难，Jun保持正面心态：“勇于历经失败与错误，才有累积经验的机会。”而“平衡”是她最常提到的两个字：“通过瑜伽找到身体与饮食的平衡；身兼创业者与母亲双重身份，也要找到工作与生活的平衡。”URBN culture的理念就是，在饮食领域往精致层面发展时，追本溯源吃的目的，希望能在蔬食与肉食之间找到平衡。

吃，不仅是满足口腹之欲，我们都应该更有意识地吃，意识到自己可以有更多选择。

URBN Culture 主理人 Jun。

URBN culture

三大特色

01

用心挑选对身体与环境都好的真食材，采取无肉料理结构，适合各种饮食族群来享用。蔬食加上精酿啤酒，餐酒搭配好新潮。推广“周一无肉日”，不收取服务费。

02

每日提供至少五款新鲜现压的精酿啤酒，严选本地厂牌，并用威士忌杯盛装，让顾客小口啜饮，更能品尝出每一款精酿啤酒的独特香气与味道。

03

通过各式活动规划，延伸出各种空间多元利用的可能性！不定时举办讲座，每个月会有不同艺术家进驻展览，让顾客用餐的同时也能看展，创造交流分享的空间。

URBN culture

Signature Dishes

01

全植水牛城辣鸡翅

NT$200

用超级食物“天贝”，搭配腰果起司酱，类似鸡肉的口感，但营养成分比鸡肉还高，甜酸辣咸的滋味，是畅饮啤酒的最佳配菜。

02

全植菠菜菇肉酱面

NT$290

灵感取自波隆那肉酱面，以新鲜的番茄酱拌炒洋菇，满满的酱汁包裹着细扁面，香味四溢，无论视觉与味觉都可媲美肉酱面。

03
泡菜起司三明治
NT$280

口感扎实的巧巴达面包，来自一位向 Jun 毛遂自荐的年轻创业者，从自己养酵母开始，花费时间坚持全程手工制作。内馅为泡菜加上半融化起司，实在是神来一笔的美妙组合。泡菜的酸甜有劲，富含帮助消化麸质的益生菌，兼具美味与健康。

04
无麦麸比萨——西西里
NT$360

用腰果粉取代面粉，加上蛋、起司与酸奶，做出扎实酥脆的饼皮，不含麦麸且适合生酮饮食者享用。

05
五小福啤酒拼盘
NT$500

由当日精酿啤酒中自选 5 款，每小杯 165ml，约是半罐啤酒，可以独享也可共享，适合只想微醺或是每种味道都想尝试的啤酒爱好者。

07
花蕉派
NT$180

无蛋无奶的全植甜点，是一道不含面粉的无麸质餐点。使用香蕉与咸花生作为慕斯材料，酥软的底部用腰果泥和椰枣制成，最后淋上椰奶、巧克力酱与碎花生，实在是一个健康吃甜点的好选择。

06
黄金拿铁
NT$150

连全植客人都能安心享用的饮品，腰果奶加上椰奶的配方，南姜粉除了给饮品着上漂亮的金黄色，也具抗癌效果。口感有着浓浓的南洋风情。

URBN culture

OPEN DATA

单位：新台币

营业基本DATA

每月目标营业额：120 万元

店面面积： 62 坪（约 205 平方米）

座位数：70 个

单日平均来客数：80 人

平均客单价：500 元

每月营业支出占比

■店面租金：12%

■水电、网络：5.5%

■食材、酒水成本：34%

■人事：36.5%

■营销经费：6%

■杂支：6%

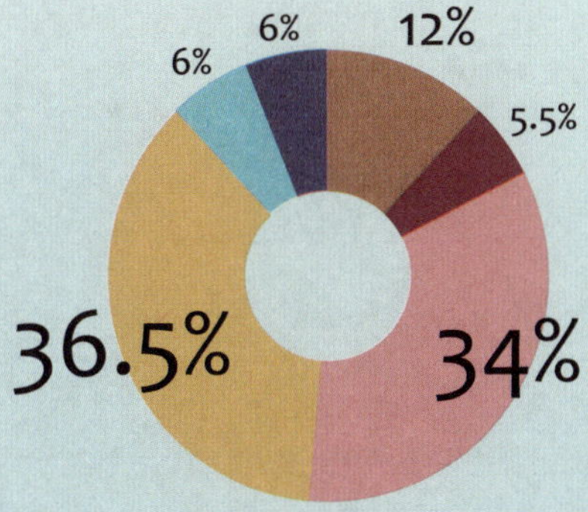

开店基本费用

筹备期：3 个月

房租、押金： 50 万元

预备周转金：30 万元

空间装修费用：500 万元
（包含改结构、装潢费用和设计费）

家具软件、餐器用具费用：25 万元

厨房设备费：35 万元

初期料理试做费用：3 万元

CI 或 LOGO 规划、menu 等周边小物设计与制作费用：5 万元

营销物资费用：2 万元
（网络营销经营）

每月营业收入占比

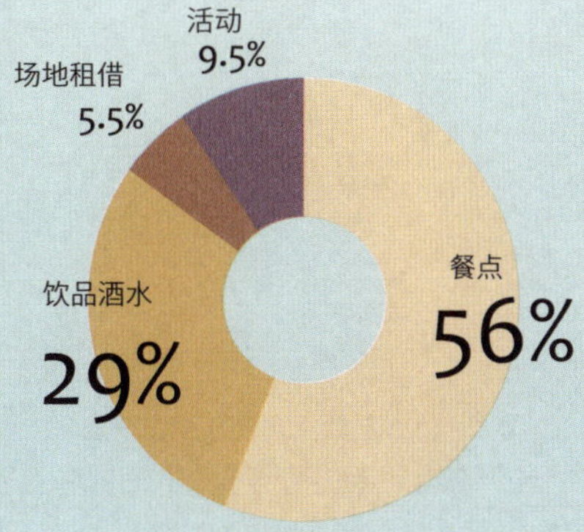

VEG
ECR
EEK
VEG
ECR
EEK

自然生活提案

VEGE CREEK
蔬河

赋予卤味全新形象
有态度的蔬食生活方式

从一家巷弄小店
到深入各大百货商场，
VEGE CREEK 蔬河
成功将传统台式卤味转化成
时髦、健康的全素蔬食品牌，
让『呷菜』不仅能有趣又方便，
也是生活态度与风格的展现。

文·陈慧珠　摄影·张艺霖　图片提供·VEGE CREEK 蔬河

VEGE CREEK 蔬河

店址／台北市大安区延吉街 129 巷 2 号

电话／ 02-2778-1967

Web ／ www.facebook.com/VEGECREEK

营业时间／周一至周日 12:00 ～ 14:00、17:00 ～ 21:00

目标客群／25 ～ 35 岁女性族群、素食者、上班族、家庭客群

A 初期资金有限，故延吉街本店落脚于租金相对较低的巷弄之中。

B 由植生墙为灵感设计出“蔬菜墙”的叶菜类食材陈列架成为蔬河的品牌标志形象。

C 在挑选面类时，蔬河特别定制金属面牌取代实体，环保卫生而精致。

D 蔬河将夹菜的过程升级，顾客可以自己提着店内购物袋，像买菜般慢慢精挑细选，更有乐趣。

VEGE CREEK蔬河的创办人许淞堡、江金益在研究所就学时便开始思考未来的职业。想要创业的梦想驱动他们决定先休学到澳大利亚打工度假，累积了一定的创业基金后，便回来筹备开店。

找到蔬食的市场缺口，改良台式卤味服务

现代人生活忙碌，习惯在外进食，而有丰富蔬菜品项的店家相对少见，大众对“素食”也有既定的框架印象。加入蔬河多年的延吉人事组长洪仪真解释：“一开始两位创办人没有很明确的目标，直到在路上看见建筑外的植生墙，才有了‘蔬菜

墙’的灵感，延伸出做餐饮、蔬菜卤味的想法。”找到明确的市场切入点后，2012年，蔬河于台北延吉街开设第一家店面。

一方面因为要树立结合蔬菜与加热卤味的特色，另一方面是想推广多吃蔬菜的生活价值，故取名为“蔬河”，清楚点出以蔬食为经营主力。“对于这家店最初的构想，是让上班族、外食族群可以在一座城市里吃到新鲜原味的蔬菜，同时让一群好友在下班后有个能自在地吃饭聊天的地方。”负责品牌沟通的李铠辰介绍蔬河成立时的蓝图规划。

满满的“蔬菜墙”，
经过设计的“挑菜”流程

和传统卤味摊不同，顾客走入每一家蔬河店内，目光一定首先被眼前“蔬菜墙”的满眼绿意所吸引，第一时间感受到“希望大家多吃蔬菜，在这里点菜就像上超市买菜、选食材一样惬意”的体验设定。蔬河把平时在卤味摊夹菜的过程进行升级，使之变得更有乐趣：各类食材皆以生物分解袋妥善包装、陈列于架上，叶菜类则是一把把像花束般，竖立在“蔬菜墙”上，顾客可以自己提着店内购物袋，像逛超市一样，自在闲适地慢慢精挑细选，最后再将一整袋选好的食材交给柜台人员现场料理。

“蔬菜墙”每天会摆上9种台湾本地叶菜，一般常备菜会有油菜、地瓜叶，有时则依季节变化来上菜，如夏天会上当令的苋菜、空心菜，不但当季新鲜，也减少了供应缺货问题。在北欧风格的卤料木柜上常态提供近40种卤料；南瓜、红萝卜等根茎类及非转基因的豆包、百页豆腐等提供饱足感；主食则提供6种面类，并以定做的金属面牌取代实体，环保卫生而精致。

C

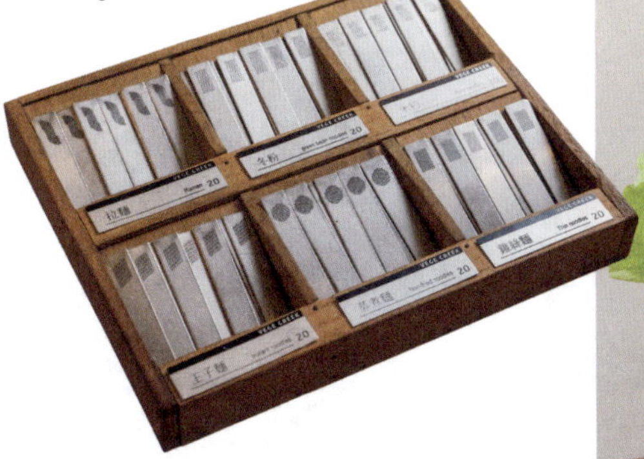

D

中央控管食材品质，第一线提供细腻服务

当然，从餐饮服务的根本目的出发，餐厅要做出美味的菜肴，其中蔬河专属的独特卤汁汤底是许多人回访的原因。创办人自行研发的汤底使用多达10多种中药材和香料，主要以当归、甘草跟红枣来平衡蔬菜的生冷。洪仪真提道："客人很喜欢喝我们的汤，用餐过程会不时加汤，汤的使用量很大。我们会让各分店每天现煮新的汤底，通过使用统一的药材卤包及食谱比例，让味道可以做到一致化。"

刚开始只有一家店，创办人每天清早能亲自到菜市场挑菜买菜，后来发展到多家分店，这时食材的货源如何掌握？"蔬菜是最重要的商品，也是我们自己采购，当然现在有菜商固定合作，也会看菜的状况挑选品项。随着分店增加，也设置了中央厨房，进行清洗、切分、包装，再配送到每家店。有中央厨房负责控管食材的品质及清洁卫生，各店铺人员的工作内容也相对更单纯。"

少了烦琐的备料，现场人员可以更专注于料理过程，并为平价的卤味提供更多细腻的服务，以增加客人回头率。如延吉店柜台边的小盒子里，有一套写着"汤面分碗、面软、汤多"等字样的小木夹，这是和客人互动过程中慢慢累积的小提示。客人点餐不时有特别的需求，数量一多难免出错，借由木夹的提醒，负责料理的人员便可依夹子上的文字来调整出客人喜欢的餐品。

E

F

G

E、F 因食材处理和管控由中央厨房进行，简化了店面工作流程，因此现场人员可以更专注于料理过程，而为了快速有效率地出餐，加热炉台设计为同时可处理 6 份餐点。

G 经过挑选食材、整体服务、用餐空间的再设计，蔬河将大家熟悉的加热卤味转化提升了其商品价值，找出市场缺口，成为品牌的利基点。

展店不忘品牌的核心精神

创业初期两位创始人资金有限，加上市中心租金高昂，于是他们决定让第一家店落脚在租金相对较低的巷弄之中。巷弄内过路客少，大部分的客人都是附近住户，洪仪真说："刚开始，一天营业额不到1000元，这样的营业额在台北东区真的很难支撑下去。"幸而随着社群风潮兴起，通过在社交媒体上开设粉丝专页，有了对外与不同客群进行互动的平台，得以逐步向客人推广蔬河的理念。

开店近一年后，蔬河的曝光度慢慢增加，因品牌定位鲜明，成立第二年即受邀到诚品敦南店设柜。开业超过5年后，蔬河从小小的街边店，到现今已增加至9家分店，除了延吉本店和台中旗舰店外，分别在诚品、微风、新光三越和台北101这几个不同的商场系统内开设共7间百货柜位店。

李铠辰认为，百货是最好的曝光点，这里能广泛地接触到不同属性的客群，但正因如此，品牌对外传播的信息更要谨慎。"在操作网络社群的经营面上，或许台湾人习惯用'小编'口吻沟通，但我们希望能以非'小编'式的，却同样让大家感到舒服、亲近的方式对话，分享各店日常发生的故事，或是和客人互动的生活记录，走出自己专有的品牌调性。"蔬河团队的经营理念是不盲从，也不做快速即时的广告促销，但每一次对外传播的信息、文字都要呈现自己的核心价值。

H

I

H、I 蔬河的每一家店面，不论是独立店还是百货柜位，都设有"蔬菜墙"与食材保鲜陈列架。图为台北101之店观与台中旗舰店。经过转型的蔬河，以简约自然的北欧生活感为空间风格主轴。

转型明亮北欧风格，打造全方位的Vegan生活品牌

提起品牌经营这几年的变化，李铠辰说：“以前蔬河的空间感觉像工业风的咖啡小店，光线昏暗，播的是独立音乐，比较偏小众。但其实我们想推广的是更广泛的Vegan的生活概念，希望让更多人知道，所以尝试从空间氛围上转变品牌调性。”

J 台中旗舰店定位从卤味跨足甜点市场，提供全素蛋糕甜品和手冲咖啡。

K 近期所推出的品牌刊物，为蔬河树立了更完整的品牌价值观。

现在的蔬河不论是独立店还是百货柜位店，皆以舒适明亮的浅色调及木质为主轴，营造出简约自然的北欧生活感，家具物件如丹麦飞碟灯、木柜等大部分来自创办人的收藏，连“蔬菜墙”或镜框等铁艺、木框架也出自团队之手，拥有职人手作的温度；营造空间气氛的软性植栽和花艺，也随时节更迭而变化，体现出品牌实践从生活中来的美感态度。

经过一段时间的市场考察，蔬河选择在台中绿园道设立品牌旗舰店，从卤味跨足甜点市场，研发自家的全素蛋糕甜品和手冲咖啡，同时引进生活用品，进一步将“蔬食自然”落实于生活的不同层面中。近来不定期会推出概念性的刊物，分享蔬河的近况和关注议题，或采访分享国外Vegan潮流的观点。此举或许无法直接带来数字绩效的提升，却可为蔬河树立更完整的品牌价值观。

我们想做长久的经营和互动，这不只是一家店、一家餐厅，而是一个有态度的 Life Style。

不看单店而从整体考量，人员适性安排更重要

蔬河能顺利发展，除了因蔬食料理的定位和价格刚好填补了目前百货已有美食柜位类别的缺口，更多有赖于经营者对于市场的细微观察，并能机动调整服务内容。洪仪真分享了自己多年养成的习惯：“如反射动作般时刻观察市场，了解现在的流行趋势。我们主要在百货店设柜，其他品牌或百货业界有什么风吹草动都非常关注。”

在经营获利和人员的分配调度上，蔬河不会单看一间店的成效，而是着重于各店加总后的整体营收，因为每家店的定位和任务不同，不能只看获利高低，也要同步考虑品牌形象。员工的分配调度也因店而异。“虽然同样是百货店，需要的员工类型却不一样。例如站前店客户年龄比较大，就需要可以跟长辈互动的员工，安排得宜，自然对业绩产生好的影响。”

人、环境和生活是品牌关注的核心价值。蔬河于2018年9月成立了TAIGA针叶林新品牌，结合早午餐、咖啡轻食及无蛋奶甜点，尝试全素餐饮各种可能性。

L 将食材的定量配置、陈列与消费体验结合，“蔬菜墙”的设计就是“好吃、新奇又好玩”的最佳体验服务的范例。

VEGE CREEK 蔬河
三大特色

01	02	03
纯素蔬食卤味，用多种中药材悉心熬煮汤底，每日由中央厨房提供新鲜蔬菜、卤料，客人可如逛街购物般，舒适地挑选食材。并提供多种独家的调味酱料，可搭配出自己喜爱的口味。	分店多，分布于各大百货商场，价格平实，不会随菜价浮动而调涨；服务细腻，可满足素食者、追求健康饮食者或生活中想补充大量蔬菜者的需求。	品牌核心特质明确，以卤味蔬食为主，北欧式的生活风格为辅，逐步拓展更多服务品项及生活物件，全方位推广Vegan（全植）的生活理念。

VEGE CREEK 蔬河
Signature Dishes

酱料

调味料可变化风味，画龙点睛，蔬河自行研发多样酱料，可让客人随自己的口味喜好搭配。台湾人普遍喜欢吃辣，因此用大小辣椒混炒的辣椒酱最受欢迎。其他还有麻油姜泥、味噌芝麻酱、柚子酱等特殊口味，香椿酱则是素食者熟悉的味道。

01 现选、现煮蔬食卤味

NT$ 依实际挑选品项计费

整锅汤底整日不熄火，维持滚沸状态，客人选好卤料和蔬菜并且结账后，现场立即烹调料理。卤料选择多样，一包 20 ~ 35 元不等，特别推荐平常较少见的“小麦卷”，有嚼劲，可增加饱足感；“小汤圆”也不错：在台式红白小汤圆内，别出心裁地包入绿豆沙内馅，可与其他食材咸甜交错着享用，让味觉享受层次更丰富。加上好喝的中药汤底，热气蒸腾上桌，最后再添上海苔丝，使卤味风味更清爽并且带有香气。

02

香蕉磅蛋糕

NT$110 元／切片

近期于台中店推出了无奶蛋甜点及咖啡，提供不同时段享受纯素餐点的选择。香蕉磅蛋糕的糖霜跟蛋糕体都是由甜点师傅用手工调制的坚果奶制成的。

03

巧克力布朗尼

NT$ 150 元／切片

使用纯植物配方烘烤的布朗尼，完全没有化学成分的添加，品尝到的完全是自然食材的香甜原味。

VEGE CREEK 蔬河

OPEN DATA

单位：新台币

营业基本DATA

每月目标营业额：30 万元

店面面积：10 坪（约 33 平方米）

座位数：20 个

单日平均来客数：70 人

平均客单价：140 元

每月营业支出占比

- 店面租金：14%
- 水电、网络：8%
- 食材、酒水成本：35%
- 人事：33%
- 杂支：5%
- 空间、设备折旧摊提：5%

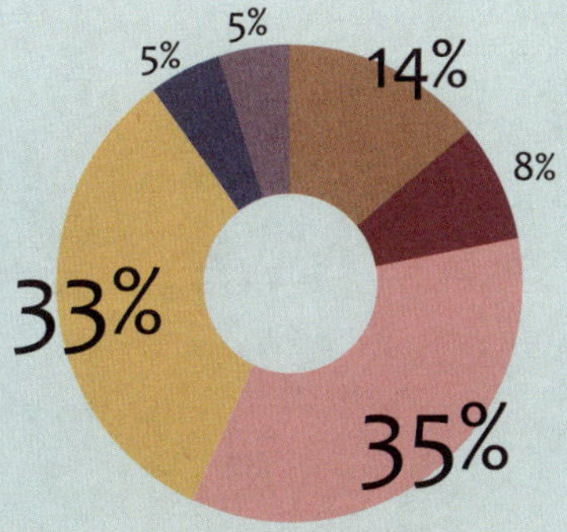

开店基本费用

筹备期：1 个月

房租：4 万元；押金：8 万元

预备周转金：0 元

空间装修费用：40 万元
（包含改结构、装潢费用和设计费）

家具软件、餐器用具费用：10 万元

厨房设备费：5 万元

初期料理试做费用：5 万元

CI 或 LOGO 规划、menu 等周边小物设计与制作费用：0 元

营销物资费用：0 元
（网络营销经营）

每月营业收入占比

孔雀餐酒馆
Peacock Bistro

以完整的用餐体验传递品牌精神
走出理想与商业的共生之道

经过店面迁移，
在新地点重生的
孔雀餐酒馆 Peacock Bistro，
无论是经营规模还是菜色酒单
都更上一层楼，
取用永续精神对待大地母亲的食材，
展现经营理念与态度，
让用餐不只是进食，
更是对饮食文化的五感体验。

文・王涵葳　摄影・张艺霖　图片提供・孔雀餐酒馆 Peacock Bistro

孔雀餐酒馆 Peacock Bistro

店址／台北市大安区迪化街一段 197 号

电话／ 02-2557-9629

Web ／ peacockbistro.com

营业时间／ 11:30 ～ 22:30，周二公休

目标客群／ 30 ～ 50 岁、团体聚会、私人婚礼、对饮食文化有兴趣者

走进台北城内最早开发的商业街区，你会发现迪化街的街区建筑物仍存留着过往的时代气息。在传统店铺之间，近年开始有新形态的店家进驻。2014年搬于此地的孔雀餐酒馆位居长形街屋的中段，像是探访秘境般，初来乍到的拜访者，得穿越前头的咖啡店店面和露天花园，才能看见孔雀欧亚料理餐酒馆的大门。在富有时代感的错综空间中，经营者之一的Angel回忆起15年前在印度旅行时不期而遇的场景：早晨他起床后开窗，发现在庭院里居然有日常难以遇见的孔雀。为了保存这份在旅程中的惊喜，他将餐馆取名为“孔雀”。

从师大到大稻埕，转型再出发

发起孔雀的初始契机是，那年Angel刚结束一间与人合伙的餐厅，和朋友在师

A、E 穿过庭院才能到达孔雀，有着走入秘密景点的惊喜。

B、D 孔雀的日与夜各有不同的氛围，人们可以在此放松阅读，也能和朋友小酌欢聚。

C 吧台上方以蒸笼形象设计的吊灯，和洗石子墙面、地板花砖等元素，将大稻埕当地风格融入店内空间。

大巷弄内遇见正在转让的店面，思考过后决定一同创业，以当时自己最为熟稔的意式料理作为菜色主轴，在一个人潮尚未汇集的商圈里，开一家属于自己的店。然后在不远处的泰顺街，他们再开了另一间名为“咸花生”的咖啡馆，两家店因师大商圈的人文特质，各自有不少“粉丝”。

在师大经营近10年后，他们本想趁租约到期便闭店，两人都不再做餐饮业，各自去发展。但此时却有一个突如其来的机会——大稻埕商圈的经营团队此时前来邀约他们进驻。看过连栋老房的空间后，两位经营者当下被那洒满阳光的天井所触动，“或许还能再试一试”的想法便油然而生，当场决定不是闭店而是搬迁。Angel和团队重新规划了孔雀的经营面。“我们找了不同朋友加入，有品牌经营、

摄影、吧台专长的人，还成立了正式的公司‘野行文化’，希望未来以食物为出发点，做更多不同的事。”

空间设计融入本地的怀旧情调

从师大到大稻埕，原先在邻近巷弄里的孔雀与咸花生两家餐厅成为闽式街屋里前后格局的一进与二进，像大家族同住屋檐下，彼此互相照应。正因为对新空间有感，搬家后的孔雀并非全盘复制原貌，而更像是重生于新的街区里。团队思索着一个问题：属于这条街的元素是什么？有没有机会将当地风格融合至店里头呢？

从空间设计、整修装潢开始，到设计菜单和建构人事组织，都由团队一手包办。吧台上方设计成蒸笼的吊灯和洗石子墙面、地板花砖，让街上老味道蔓延入内，摩登中带点复古的孔雀，历经4个月的重整规划，在大稻埕里再度“开屏”。

自学料理之路，走出自己的风格

一路以来执掌厨房事务的Angel自身的料理经验是自学而来的，他把书本、纪录片、国外旅行时在当地餐馆的体会融合起来，一路在生活中学习吃的文化。如今的孔雀呈现出的料理面貌比之前更自由奔放，不受限于任何的地域与风格，Angel

不太定义自己是做什么菜的人，他刚开始学习做菜时，是一个模仿者的角色，依循食谱，追求所谓的正统做法；后来经过生活历练，逐渐加入自己对食材的理解。

Angel思索着："台湾有自己的饮食文化，可是不是很明确。究竟什么是台菜？"他从每季推出的菜单里找答案。街边的庶民料理、面摊常备的"黑白切"，都是他春夏菜单的钻研对象。Angel将"黑白切"类比为生鱼片的极简学问，每道手续都很讲究。"食材汆烫后切片就呈盘，配上酱油膏、酱汁、葱花，看似简单，但仔细去研究，其实又变化无穷，烫的部位、时间与温度如何掌控？要如何切？切片还是切块？要用什么酱汁？铺姜丝还是葱花？"吃是最原始的欲望，由解剖日常熟悉的食物，从中取材最贴近生活的元素，并遵照大自然的运行，使用当季出产的食材，成为现在孔雀的依循。

酒单里的独特，
小瓮酒与自然酒里的风土人文

对搬家后的孔雀，Angel 期望能更上一层楼，不单餐点口味要升级，饮食文化也要有提升。陈列在吧台与厨房之间层架上的玻璃容器里浸渍着水果，那是孔雀自家酿的果实酒"小瓮酒"，是用小农的当季蔬果，加上高浓度的烈酒，花时间酝酿而成。选择本地食材的坚持，来自对环境和产业永续经营的本意。"餐厅是一个大的采购商，我们会尽量选择有机、无毒的产品，或会选择那些在饲养动物时，能注意动物权益的厂商。他们

F 孔雀团队分工细腻，分为管理、餐饮、饮品、烘焙专职部门，各司其职，彼此信任。

G 团队内部一手包办空间设计、整修装潢，历经 4 个月的重整规划，摩登中带点复古的孔雀，在大稻埕里再度"开屏"。

餐厅的价值来自提供完整的用餐体验。

J

H 孔雀的空间感不同于一般餐酒馆，拉门式的隔间，可收可开，随活动需求机动性调整。

I 中秋节开展“生火月升派对”活动，将孔雀花园变成生火料理的主舞台。

J 孔雀所选的自然酒是这几年葡萄酒界热议的话题酒种，从葡萄栽种、酿造到装瓶都尽量减少外在干预。能被称为自然酒有几个必要标准：使用有机或自然动力法（Biodynamic）栽种，依照农历采收葡萄，不含二氧化硫、化学酵母等添加剂，品饮后不易引起副作用。

的东西确实比较贵，但有人去买、去支持，他们就会愿意继续做下去，这样正向的产业才有机会做起来。”重视食材是料理的基本，他们愿意以自身的力量，让产业往良善永续的循环前进，这是孔雀的核心理念。

除了自酿酒，孔雀也提供红白酒，另外，自然酒酒款也在挑选之列。自然酒的原料采用有机栽种，后期酿造无任何化学添加物， 能品尝出产地的风土特征。对爱喝葡萄酒的人来说，这是一种新尝试。

蜕变的孔雀
注入关怀万物的理念

大稻埕的新店貌，对过去师大店的常客来说，也许有点陌生，对此，Angel 觉得，不同阶段，餐厅自然会有不同的转变。蜕变后的孔雀，因为餐点价位的提升和街区属性的不同，来客族群也不同了，年龄层比原先高一些。面对如何长久经营下去的问题，Angel认为企业理念和文化很重要，在营运的第15年，孔雀提出“在生活里落实永续发展 L.S.D. (Live Sustainable Development)”的想法，通过饮食的行为潜移默化，希望食物不只是好吃，大家在饱腹之余，对大地万物怀抱友善与尊重。

孔雀创造出一套能够运行的商业模式。“餐厅的价值来自提供完整的用餐体验。”从进门开始，环境和氛围、服务生的应对态度、空间中所播放的音乐，到最后上桌的食物，这一整套完整的五感体验，正是孔雀想给予客人的服务。

忠于自我选择，朝向组织化的营运

有不少人请教Angel对于开店的意见。“我会跟他们讲我的经验，但我不觉得我的经验就是最好的。”新人在面试时，当被问到想来工作的原因时，过半数的人都会说未来想自己开店。谈起多数人最在意的资金问题时，Angel说：“开店最不重要的就是钱，如果你有明确的目标、客群，做好开店的规划，其实很多人想投资啊！”关键还是在于人与人之间的合作。当一家店只有一个人囊括大小事时，店可以是自体的延伸，而当有人开始进驻，不论股东或是员工，就会有不同的行事风格加入，此时，是否能让所有人了解开店的理念便很重要；孔雀的股东成员旅居各地，会通过固定的线上会议来进行沟通。

走过14个年头，孔雀证实了一点：如果你找到自己坚持的核心价值，并通过每一个环节传达给客人，绝对有机会将理想转化为一个好的商业模式，进而获利，并继续走下去。对于创业，Angel说要问自己几个问题：“这个结果是你要的吗？是在你控制范围内的吗？还是已经超出你的控制？”孔雀还有许多对于饮食文化的想法，一旦时机成熟，必将绽放出独有魅力。

要创业的人，一定要可以接受失败这件事，
踏着自己的失败再往前。

孔雀餐酒馆经营团队。

三大特色

孔雀餐酒馆 Peacock Bistro

01

通过长年累积与探索，发展出自己的饮食脉络，使用本地时令食材，与台湾原生饮食文化设计菜单，每季更替80%以上新菜色，道道皆为当季供应，让每次用餐保有意外惊喜。

02

酒类选项有新意，以有机小农食材酿出“小瓮酒”，搭配出独家调酒。挑选自然酒，依循历法种植葡萄，不含任何人工添加物，减少饮后的不适感。

03

来自各领域的创办人皆热爱艺术，经常结合空间举办展览，更与不同创作者展开跨界合作，推出限定晚餐活动和餐酒。

01
黑白切之嫩猪里脊

NT$280

把当季梅子入酱，做成梅子味噌酱，薄抹在猪里脊，以低温烹调的手法保留软嫩肉质，搭配梅子粉调味的红心芭乐沙拉。还可以客制无肉版本，给素食者享用。

02
好野鸭胸

NT$620

当葱油遇上鸭肉的台式搭配，以西餐手法呈现嫩烤过的鸭胸，搭配萨丁尼亚珍珠面，佐以夏季最热门的西瓜和芒果两样水果，清爽中带有炭烤香味。

03
不是油饭

NT$420

用樱花虾、蒜苗、蘑菇炒香的米型面，入口煞有油饭的风味，吃得到孔雀的幽默感和台湾精髓的美味料理，是夏季餐单里的人气主食。

孔雀餐酒馆 Peacock Bistro

Signature Dishes

04
咸花生咖啡馆经典肉桂卷

NT$130

从在师大开始，就担任最疗愈的招牌甜点。淋上焦糖肉桂酱和蛋白霜。中间经历一次配方调整，加入台湾本地耕种的十八麦。

05
野行

NT$320

来自自家的“小瓮酒”，是风干的橙片加入噶玛兰威士忌一同酿制，调以新鲜苹果冰沙，果香搭配重口味餐点最合适。

孔雀餐酒馆 Peacock Bistro

OPEN DATA

单位：新台币

营业基本DATA

每月目标营业额：155 万元

店面面积：45 坪（约 149 平方米）

座位数：45 个

单日平均来客数：70 人

平均客单价：700 元

开店基本费用

筹备期：4 个月

房租、押金：24 万元

预备周转金：200 万元

空间装修费用：350 万元
（包含改结构、装潢费用和设计费）

家具软件、餐器用具费用：150 万元

厨房设备费：150 万元

初期料理试做费用：3 万元

CI 或 LOGO 规划、menu 等周边小物设计与制作费用：5 万元

营销物资费用：0 元
（网络营销经营）

每月营业支出占比

- 店面租金：14%
- 水电、网络：3%
- 食材、酒水成本：25%
- 人事：45%
- 杂支：7%
- 空间、设备折旧摊提：6%

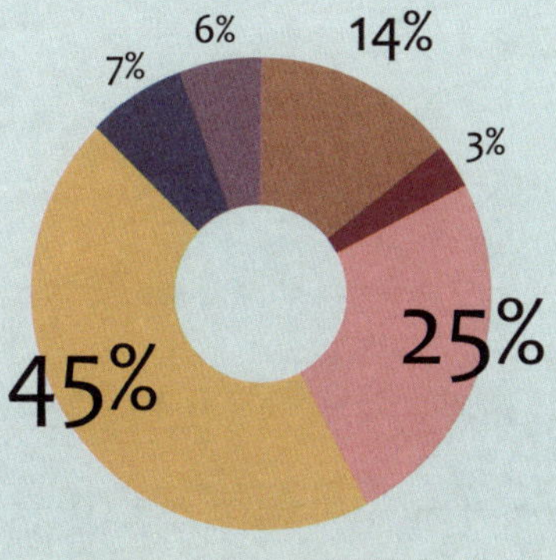

每月营业收入占比

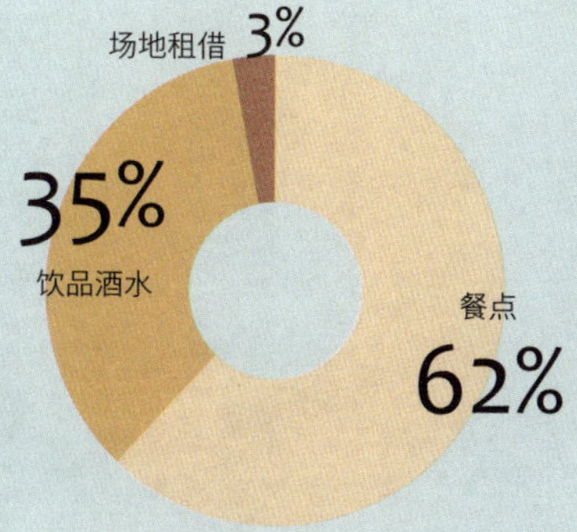

时寓。

暖胃也暖心的
老宅牛肉面餐酒馆

位于熙来攘往的
建国北路街边老公寓二楼，
『时寓。』低调的风格，
若没稍加留意，可能就会错过。
走上阶梯，
转角老玻璃窗透出店内灯光，
像等待旅人回家的那盏灯，
温暖而坚定，只专心一意做好
牛肉面的曾文佑、张佩华夫妻，
在时间的寓所里，
用扎实的料理佳酿，
等待前来用餐的每一位有缘人。

文·陈慧珠 摄影·张艺霖 图片提供·时寓。

时寓。

店址／台北市中山区建国北路一段 68 号 2 楼

电话／02-2506-9209

Web ／ www.facebook.com ／ shiyu.taipei

营业时间／周三至周五 12:00 ～ 14:30、18:00 ～ 22:00
周六至周日 12:00 ～ 15:00、18:00 ～ 21:00

目标客群／上班族、美食爱好者、家庭客群

时寓的经营者曾文佑、张佩华不但是人生伴侣，因为现在两人一同经营时寓，也是最佳的工作伙伴。两人觉得在台湾这片土地上其实有许多好东西值得让更多人知道。这个想为这片土地做点什么的想法，在他们心里酝酿多年，直到遇上了这个老房子。他们离开了各自忙碌多年的职场，以此地作为两个人开店创业的实践之地。

曾文佑从小在高雄家里吃到大的家常菜——牛肉面，一直都是招待亲朋好友的独门好味道，深获众人肯定，因此顺理成为时寓的料理主轴，这个空间也被定调为“通过美食，分享台湾美好的人和事物的平台”。

A

B

品味人与人的相遇故事

“人类文明的进步应该来自互相帮助，而不是互相竞争。开店前我们就决定要做些回馈的事情，只是想要关心的事情还蛮多的，但当时还没有决定要做哪一块。”在筹备开店的过程中，两人去东京物色要挂在店内装饰的老时钟，最终在缘分牵引之下，在西荻洼的古董店中寻觅到。古董店老板因感念“3·11”大地震时台湾地区对日本人民的帮助，坚决不收钱：“你们把钱带回去，捐给台湾需要帮助的穷人。”

这句话像是投入水面的小石子，引起更多更大的善的循环——此后时寓决定将回馈集中于弱势群体：餐厅规定，客人每点超过100元餐点就代客捐出10元，每两个月会做一起金额汇总，餐厅员工带着满满的食材到偏远地区的学校、基金会探望和捐款，煮牛肉面给小朋友或服务弱势群体的工作人员吃。他们认为照顾弱势群体的工作人员，因其每天接触的都不是太开心的事，其实也需要被人照顾，这样他们才有力量把爱传下去。下乡那天，张佩华等人起得比开店还早，且要忍受舟车劳顿，但却甘之如饴。“看他们吃得那么开心，感觉自己也被疗愈了。”张佩华说道。

做好每个小细节，
不贪多的经营哲学

A、B 设计师“两个八月”为时寓操刀设计的LOGO主视觉，从一楼骑楼上的小店招，走上阶梯，转角老玻璃窗贴，到餐馆门口，一路引领着客人上楼。

C 老中药柜与曾文佑家族的中医渊源，和以10多种中药材熬制的招牌牛肉面汤底相呼应。

D 结账柜台放置着“消费满100元餐点就代客捐出10元”的捐款珠球与公益回馈说明。

和一般餐厅不同，时寓不求客人越来越多，因为店面小、人力也少，客人太多他们反而担心服务和餐点品质做不到位。“虽然招牌小小的，但只要把东西做到最好，酒香不怕巷子深，就能慢慢吸引到调性和我们一致的客人——懂得吃，对食物、对土地、对身边的人有爱。”两人说道。因为他们专心做好每一碗牛肉面，加上真性情，待客如友，两年下来累积了许多常客，从附近的上班族、外国游客到家庭客都有。“最常看到的是，本来是只身一人来用餐的客人，下次再来时，变成带着一家大小一起来吃。我想这是客人打从心里觉得好吃、喜欢我们的证明，这是让我们能继续前进的动力！”就连有些外国背包客也常常把这里当成旅途的最后一站，希望在登机前，让肚子也装足中国台湾味。

好料理，需要时间酝酿

这一碗构筑起美好关系的牛肉面，来自曾文佑母亲的家传之味。母亲家族有中医背景，汤底由牛腩、牛骨、新鲜蔬果和10多种中药材及香料细火慢炖熬煮而成。“这个汤头益肝养身，吃完身体很舒服。”另外，曾是营养师，又当过企业中央厨房长的曾文佑，特别选用新西兰、澳大利亚的放牧草饲牛，运用过去所学的专业知识，以湿式熟成的方式，让时寓的牛肉风味和口感更上一层楼。

牛肉面中除了以母亲之名来命名的家传口味来金清炖牛肉面，还有自行研发的香麻牛肉面、干面，面体来自台南手工制面老店。“台湾有许多像这样的好食材，我们希望通过直接使用在料理中，让更多人知道。”而一碗融合满满当地滋味的牛

E

肉面，需要的是用时间造就的细致功夫。曾文佑自己也算过：“一碗牛肉面，从熬煮汤头，牛肉熟成，到上桌呈现在客人面前，最少要36个小时。一天大概要工作超过16个小时。”用时光，煮一碗面，在时间的寓所里，酝酿好食物，简短的“时寓”二字，蕴含着两人创业背后的心意。

菜单的设计规划也体现了两人对生活的态度：选用友善环境种植的带有生产履历的蔬菜，店内招牌菜“黑露露野钓小卷”是由对海洋伤害最小的船钓法所获取的新鲜小卷。另根据季节时令，规划隐藏版菜单，比如在酷热的夏天推出开胃的醋熘马铃薯、蒜香蛤蛎等。“就像招待朋友来自家吃饭，自然用料好，而食材本质好，不仅好吃，对身体也不造成负担。而客人能从自己身体最直接的感受明白我们的不同之处，便会想再过来。”

F

G

H

I

J

收罗本地精酿，举办多元活动分享

至于时寓店内的饮品，细看酒单品项，真是卧虎藏龙。“因为有当上班族的经历，所以能体会到下班后跟同事小酌一杯是一件多么放松和治愈的事情。”为了找到能与牛肉面汤头互搭，又不会抢彼此风采的适饮酒款，老板下了好一番功夫，精选出数款以台湾本地作物酿造的好酒：以梅酒为主，这是深受女性喜爱的果实地酒；南投酒厂所产，在国际上屡屡获奖的OMAR威士忌；以台中大雅栽种的本土小麦，或是花

E、F 时寓保留了许多原屋主家里的餐桌椅、书柜，加上自己慢慢收集而来的灯具老件，形成一种缓缓而行、温暖自在的空间感。

G 时寓的料理用料实在，烹调过程悉心、花费时间，吃得出老板对于料理品质的讲究。

H、I、J 这里的酒单品项以台湾本地作物酿造的品牌为主轴，从果实地酒、威士忌到精酿啤酒，从各类别中精选出多款本地佳酿。

莲契作的玉米和晚仑西亚橙所酿造的禾余精酿啤酒……

因为老板接触过酿造业，更深入了解纯手工制程的珍贵与不易，因此希望人们除了品饮，能更了解台湾制酒的故事、底蕴。老板会不定期邀请专家来此举办品酒会或酿酒课程。周二的店休日时常有音乐演奏分享会，虽无出餐服务，但店内特别准备“佛心价”的简单调酒和手拿包卤味，让下班后来参加活动的客人不致饥肠辘辘。借由提供新生代表演者、艺术家展演的舞台，使这个场域有更多可能性，也让客人、粉丝多认识一个好团体。

温暖的餐酒时光，
空间、LOGO设计串联品牌精神

时寓的墙面上挂着多座老时钟与老件，时间像是被定格在20世纪60年代，橙黄温暖的光影，空间中流淌的爵士乐，都让人感觉像是走进老朋友的家，舒适自在。这间楼龄将超过半世纪的老宅——“一个有温度、有生活感的地方”是两个人对这个空间共同的期待和想象。老宅主人过去是受过日本教育的中学老师，时寓除了保留着原屋主家里的餐桌椅、书柜、旧书外，眼前所见一桌一椅，都是他们用超过半年的时间，一件一件收集而来的。老中药柜显示出曾文佑舅公三代中医的渊源。因为独资，加上经费不多，除了设计师好友“两个八月”超级友情价的空间规划，店里的改装整理一切都得自己来。颇有味道、充满自然纹理手感的地板，是夫妻俩亲手把原本的地砖一片一片敲掉，慢慢呈现出的理想的样貌。如同设计师好友为时寓操刀设计的LOGO——日月之间，有光照进空间中而拉出长长的影子，人也因为走进这里，在这里所度过的时间、与相伴用餐的人事物，而有了自己的故事。

多年专业的养成，
是成功的要素之一

夫妻两人一起开一家理想中的小店，而且经营得有声有色，听起来像是实现了很多人的梦想，但现实有这么美好吗？张佩华说：“开店并不浪漫，我们几乎每天

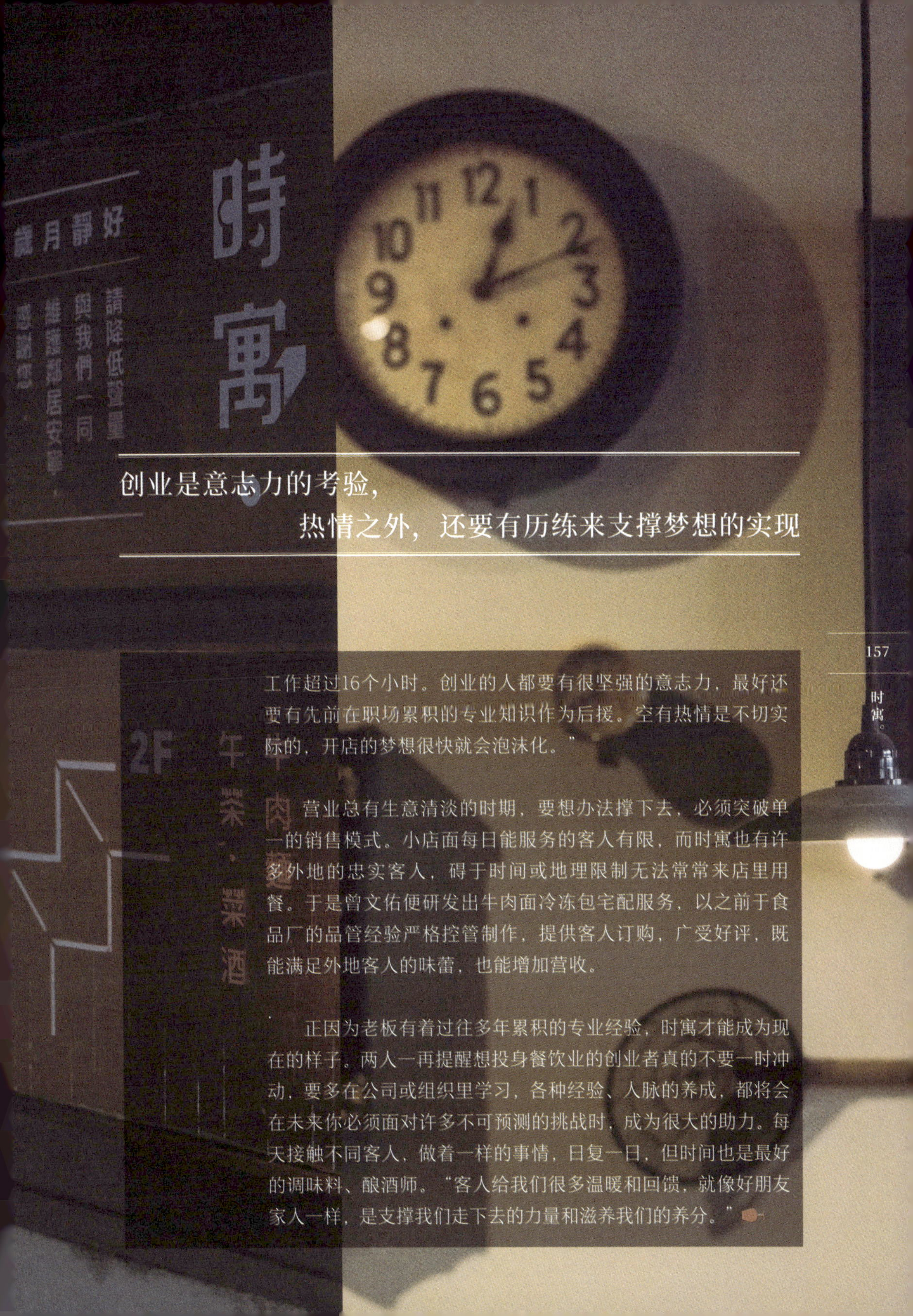

创业是意志力的考验，

热情之外，还要有历练来支撑梦想的实现

工作超过16个小时。创业的人都要有很坚强的意志力，最好还要有先前在职场累积的专业知识作为后援。空有热情是不切实际的，开店的梦想很快就会泡沫化。”

营业总有生意清淡的时期，要想办法撑下去，必须突破单一的销售模式。小店面每日能服务的客人有限，而时寓也有许多外地的忠实客人，碍于时间或地理限制无法常常来店里用餐。于是曾文佑便研发出牛肉面冷冻包宅配服务，以之前于食品厂的品管经验严格控管制作，提供客人订购，广受好评，既能满足外地客人的味蕾，也能增加营收。

正因为老板有着过往多年累积的专业经验，时寓才能成为现在的样子。两人一再提醒想投身餐饮业的创业者真的不要一时冲动，要多在公司或组织里学习，各种经验、人脉的养成，都将会在未来你必须面对许多不可预测的挑战时，成为很大的助力。每天接触不同客人，做着一样的事情，日复一日，但时间也是最好的调味料、酿酒师。“客人给我们很多温暖和回馈，就像好朋友家人一样，是支撑我们走下去的力量和滋养我们的养分。”

时寓。
三大特色

01

仅此一家的独门牛肉面，家传三代中药香料汤头，加上悉心熟成制作的牛肉肉品，吃起来美味而且健康，清炖、番茄、香麻三种口味都是招牌，满足不同爱好者。平日中午时段为上班族客群特别设计牛肉面、小菜、现打新鲜果汁的套餐组合，平价超值，深受欢迎。

02

特别搜罗台湾各地自有品牌的精酿啤酒、威士忌与果实地酒，十分适合带外地友人来体验当地家常风味及小酌一番由本土好水好作物制成的佳酿。

03

作为台湾饮食文化推广与拓展艺文视野的平台，不定时邀约国内外音乐表演艺术家、台湾的酒厂经营者、酿酒职人，举办音乐会、酒会及相关课程。

酒类饮品中午和晚餐两个时段皆有供应，特别精选属于本地风味的台湾果实地酒——

A 杜岛梅酒

NT$180／杯、NT$850／瓶

此为杜岛台湾酒作酒厂以南投春梅酿造的纯发酵酒，品质精良、产量稀少，适合白天佐餐，喝得到梅子果肉并有着清爽香气和口感。

B 红梅高粱

NT$180／杯、NT$750／瓶

裕丰酿业出品，严选信义乡高海拔青梅，调和遵循三蒸三酿古法制成的天然红高粱酒，浓郁梅香伴随着高粱麦香，酒体在口中香气层次分明，醇厚圆润，适合晚餐时光细品慢酌。

01

来金清炖牛肉面

NT$220

以母亲之名来命名的招牌牛肉面，蔬果细炖混合中药香料香气的汤底，清香有味，经湿式熟成的牛腩部位，肉质富有弹性，面条特选台南老店手工制面，口感扎实，是一碗吃完会让五脏六腑都大大满足的牛肉面。

02

香麻牛肉面

NT$250

蔬果药材清炖汤底再加入老板自己炼制的花椒麻辣汤料，变化出时寓独家的创意口味，麻得够味而不会咸辣。还有干拌面版，喜尝浓郁口味的饕客不可错过，保证越吃越上瘾。

03

时寓卤味拼盘

NT$280

烟熏猪耳丝、牛肚或牛腱，非转基因豆干、海带、杏鲍菇，卤蛋卤到全透入味，卤制两天以上，两肉五菜的搭配，分量诚意皆满，每样食材都能吃到原味。

04

黑露露野钓小卷

NT$300

选用澎湖野钓小卷，融合西式及台式做法，以洋葱、大蒜、奶油爆香，少许酒去腥，保留墨囊，鲜味更浓郁，是下酒菜的首选。

时寓。

Signature Dishes

渣男 Taiwan Bistro

正宗台式小酒馆
满载复古味

当你出门要选个放松喝酒的地方时，
脑中会涌现几个选项，
而属于台湾本地文化的酒场，
却甚少受到青睐，
英文名为
Taiwan Bistro 的渣男，
反转你对台式的刻板印象，
网罗我们熟悉的食物，
从街边带进设计感十足的空间，
把传统风味推向更精致的一面。

文·王涵葳　摄影·张艺霖

渣男 Taiwan Bistro

创始本店／信义一渣，地址：台北市信义区信义路五段 150 巷 315 弄 12 号

电话／02-2720-9820

Web／www.facebook.com/ZhananBistro

分店／木栅二渣、南京三渣、古亭四渣

营业时间／17:30 ～ 01:30

目标客群／想喝一杯的街坊邻居、工作后的下班聚会人群

从吧台上的木橱里，选几道爱吃的卤味，“剁！剁！剁！”切成好入口的大小，淋上油膏和葱花，再热情澎湃地送上桌。当啤酒遇上越嚼越香的卤菜，酒酣耳热间，流动的音乐是朗朗上口的国语金曲，这样地道的情景搭配，出现在以台湾街边小食为题材的“渣男”中首家“渣男”开在信义区深处的公寓一楼，从2016年中以台式小酒馆之姿，抚慰大家疲惫的心灵与空虚的胃，为深夜食客提供新去处。2年间陆续开店，4间分店坐落在台北市不同区域。作为经营者Tony的第二个餐饮品牌，为了有别于处女作“NOLA纽澳良小厨”美式餐厅的形态与菜系，Tony决定玩转传统思维，带给餐饮市场新气象。

从美式餐厅到台式小酒馆，再创事业高峰

A

Tony从熟悉的金融业投入未知的餐饮业，创业念头源于对自己在新奥尔良念书时吃过的美国南方菜的想念。他勇于挑战不可能，2年开了5家店，3年共开店7家，深受客人喜爱。NOLA成功之际，Tony被不少朋友追问接下来有什么新计划。虽然从原有体系内延伸是常理，也是合理的，但尝试不一样的生活，才是他最想做的事。“开过大型店，再回来开规模小一点的店，也是一种新尝试。想做一个我也想吃的东西，想有一个忙完工作后，可以放松、舒服吃夜宵的地方。”

Tony在美国念书时，曾想念台湾的家乡菜。他动手下厨满足记忆里的味道，深知口味对人而言是长年累月的习惯，无论西式或日式料理，不管多好吃都不是每天想吃的菜色，人们总会回归到日常生活里，追寻打从骨子里熟悉的饮食文化。

翻转黑白切的传统定位，赋予新的价值感

说起最完美的下酒菜，卤味始终是Tony 心目中的第一名。“小时候爸爸和朋友在家里喝酒聊天时，我便会到巷口帮他切一点卤味回家；大学时期，和兄弟们打完篮球后回到宿舍，也是一手卤味、一手啤酒。”台湾的酒食文化，在热炒店里或许最能体现，但想要更讲究的话，日式居酒屋、西式的bistro和Tapas，会是大家的热门选项。“那属于台湾的东西哪里去了呢？”渣男的诞生，联结Tony成长回忆的切片，也含有他对传统小食进行不同诠释的期盼。

以卤味与黑白切为店内主打，面对平均60元一碟的价格，来到渣男的客人出现

B

C

A 渣男是经营者的第二个餐饮品牌，以台湾街边小吃卤味与黑白切为主角。

B、C 浓浓的台式情怀，有许多元素在店中各处展露无遗。

两种截然不同的反应：“你们好便宜喔！”对比居酒屋一道菜平均150元起跳，确实不贵；但同时，“怎么你们卖这么贵，外面的卤味摊才卖多少钱！”喊太贵的人也不算少。Tony从过往的经验里，深知经营者与客人对价值感会有不同的认知，而如何创造出吃以外的附加价值，对创业者来说，是成功的关键。

贯彻台式风味，打造自有酒款

落脚在NOLA不远处的渣男是Tony无意间经过而租下的店面，之前空置了3个月。租下后，Tony开始盘算如何呈现这间店：“应该是可以喝一点小酒，精致一

点的台式卤味店。”筹备期间，Tony天天吃卤味，规划出台式风情的路线，菜单按照路边摊规格，随桌附笔点餐，品项在单张纸上一目了然。从桌间摆放的酱料罐、厕所的明星花露水，处处可见营造氛围的细腻与用心。协助Tony进行装修的与打造NOLA餐厅的是同一位设计师。“他很喜欢使用回收素材，从木凳到吊灯都是自己找材料来制作的。”

不用现成制品的精神，从物件延伸至餐点上，渣男开发了自有品牌啤酒，与酿酒师经过半年的来回调整，生产出的“渣男小麦艾尔”有着精酿啤酒的制程，同时也有适合台湾大众的轻盈风味。Tony愿意花时间研发独家商品，在人们习以为常的饮食文化上提升质感。当偶遇无法认同这个理念的顾客时，Tony认为不可能讨好每个人：“顾客选择喜欢的店家，同样经营者也因为品牌理念筛选了来客族群。”

不同分店区隔来客属性，
前进郊区开拓潜在客群

渣男在半年后拓展了第二间分店。2年后，在台北市共有4个分店。这些分店以不同区域特性切分客群，不会稀释客流量以致各分店成为彼此的竞争对手。起初是Tony想开个给街坊邻居小酌的店，因而选点在住宅区内，但却因邻近信义闹区，意外地吸引了目标以外的客群，店的氛围从预计的家常悠闲转向年轻时髦，经营得很是成功，但Tony却说：“这不是我想象中的那家小店。”

E

F

创业者通常喜欢人潮聚集的地点，但Tony却反其道而行，选择在人流最少的捷运站旁、邻近山边的万芳社区作为渣男扩点的第一步。“后来我在这家店做得很开心，来客族群黏着力很强，天天遛狗经过的人会来喝一杯，也有单纯进来聊天的居民，气氛非常温馨。冬天万芳经常下雨，利用外卖APP来点餐的人也不少。” 周边居民注重生活品质，消费能力与市中心相比有过之而无不及，符合Tony对渣男的初始想象。

D 渣男的品牌个性展点容易，性质上也不会让分店成为彼此竞争对手，两年间快速在台北地区开店 4 家，以不同的区域属性，拥有各自的客群。

E 卤味与黑白切为店内主打，吧台上以复古的玻璃木橱陈列出各式卤味。

F 桌间摆放的酱料罐、小碟子也是经过精心挑选，走台式风情的路线。

同样的菜单、同样的服务流程，因地点不同，而有各自的展现效果。“信义一渣年轻族群多喝调酒。木栅二渣的地方妈妈们爱喝台啤，可能因为离家近，没有喝醉回不了家的压力，酒卖得呱呱叫。南京三渣周边多为办公室，是上班族晚餐聚会的地点，22:00过后人潮就散去。新开的古亭四渣是离捷运站最近的一间店，其市场反映也超乎我的预期。”

那些 NOLA 曾遇到的问题，渣男一次解决

经营餐饮业会遇上的所有问题，在创立第一个品牌时Tony几乎都亲身经历过一轮。“美式餐厅的料理品项烦琐，需要花费很多心力去维系。”NOLA因餐点特性，

所需的人员组成复杂，训练时间成本也高，当分店数量扩增，随之而来的挑战即是如何准确掌控出餐和服务的品质。“后来我发现，要确保品质的话，需要一直训练，因此要付出的成本相当高，甚至会超过一家店本身的人力开销。”

而渣男的菜色设计单纯，食材由中央厨房统一预卤后，送至各家分店，店中服务人员再依照SOP的流程作业，即能做出一定水准的餐点，且料理过程全程无油烟，不但降低了邻居客投诉的比例，也减少了许多沟通上的不理性；在人力调配上，渣男只做晚间时段，没有两头班，解决了员工空班的情况。“渣男是我开完NOLA，碰到一些痛苦、很难处理的事之后的再进化改善版。”与NOLA的模式相比，开一间渣男所需的成本与时间更少，如此看来渣男确实是更适合连锁的业态。

鲜明的核心灵魂，预约成功创业

挑战顾客既有价值观的想法能让大家都买单吗？对此Tony并没有百分之百的把握。当NOLA营运迈入稳定状态后，他便试着迈开脚步大胆尝试，并怀着做不好就收的打算。“创业除了赚钱，做的东西应该要有特色，勇于做别人没做过的事。”拥有金融精算背景的Tony说创业书里面经常提到的所谓“合理数字”，正是他最希望所有想投身餐饮界的创业者摒除的错误想法：“模拟合理的成本与毛

渣男 Taiwan Bistro 三大特色

01

虽名为“渣男”，但整体空间设计和服务方式让单身女性独自前往也能喝得安全和尽兴。吧台的摇滚席、隐藏的相谈室服务最贴心，创造出吃以外的附加价值，不论是员工还是客人，都有高强度的黏着力。

02

升级街边美食的用餐环境，品项选择多样性，可以吃得巧也能吃得饱。自酿啤酒划算的饮酒价不伤荷包，是放松吃夜宵的好选择。

03

餐点设计思维上，避免了油烟的排放以及食材的耗损，不但降低了人员教育训练的成本，更使各分店供餐的品质管控流程更简易与稳定。

利率不是我首要关心的事。有没有办法创造有意思、令人耳目一新的好玩的品牌价值，才是最重要的事。”

对想创业的人来说，之所以追寻前人的脚步，是由于对未来有着不确定感，而对于成功或失败，Tony有着这样的看法：“我没办法跟每个人说如何做生意不会失败，而且也没有不失败的概率，但创业前一定要看清楚想清楚，就算这次失败了，也必须成为下次成功的筹码之一。”据Tony透露，他创立的第三个新品牌即将面世，这想必会是个全然不同的领域。

以人来服务人的产业，挑战在于处理人的问题。

渣男 Taiwan Bistro 主理人 Tony。

01

卤味拼盘

两人份 NT$360、三人份 NT $540

有什么拼什么，全店人气最高餐点，由现场师傅依当日食材严选搭配，经典卤菜各来一点，不管是选择障碍还是“小鸟胃”，点餐都不烦恼。

02

手拌干丝

NT$60

将大豆干切成细薄片，是道考验刀工的功夫菜，现点现拌，再加上葱丝、姜丝及辛香料，是麻而不辣的开胃小菜。

03

脆皮猪血糕

NT$60

预先卤过入味，每日开班前再卤透一次，上桌前进烤箱，撒上花生粉、香菜与自制酱料，繁复的手工活造就外皮酥脆、内部软Q的好口感。

04

地瓜稀饭

NT$50

从小吃到大，稀饭就是要配口感绵密的地瓜。不只是属于台式夜宵的最佳主食，拿来解酒也舒畅。

06

渣男小麦艾尔

NT$200

渣男独家酒款，现拉新鲜供应，小麦韵味中带有淡淡果香，苦味低，是一款不管什么性别都能顺口喝上好几杯的啤酒。

05

鸡翅

NT$120

带有油脂的鸡翅先卤过再烤，运用西餐手法进行烹调，吮指回香最涮嘴，搭配各式酒类都对味。

贰房苑 Living Green

用品牌设计打造生活美学空间
为台湾好食材发声

餐饮品牌经营除了以料理特色为主导，由企划或设计统筹出发的换位思考，也能为品牌注入不同活力。贰房苑 Living Green 由设计公司起家，秉持清晰理念，以推广台湾食材为主轴，发展出美学与美味兼具的空间。

文·王涵葳　摄影·张艺霖　图片提供·贰房苑 Living Green

贰房苑 Living Green

店址／台北市大安区瑞安街 23 巷 14 号

电话／02-2755-3039

Web／www.2twgreenlife.com

营业时间／周一至周日 11:30 ～ 21:00

目标客群／不分年龄与性别、喜好艺术设计氛围的群众

“贰房苑Living Green”是“双好”设计工作室延伸打造而成的餐饮品牌，总监吴恩均是平面设计师出身，在历经媒体出版业多年的打磨后，自身的美学品位也愈加精炼，因而开启了创业之路。单纯的设计案满足不了他内心对于全方位生活美学的追求，于是他找来餐饮专业的弟弟陈和纬共同策划，打造出一个可以将喜爱的事物堆叠相乘的生活场域——贰房苑；除此之外，更加入画龙点睛的元素——由陈启健负责掌管音乐企划与文案，为店内加入流动的旋律与节奏，让来者不但能享受视觉与味觉的飨宴，更能感受以音乐、文字传递的品牌精神。

来自日月潭的气息、饮食文化

A、B、C 绿色植物成为贰房苑一大特色，源自两位创办人对家乡日月潭风土环境的喜爱，决心将大自然的气氛移植于空间之中。

D、E 店内可见的生活摆设有自制商品茶与啤酒以及杂志。

台湾元素是贰房苑围绕的核心。“想在这里呈现我们这个时代所接触的台湾味，用自己的方式诠释我们生长的土地。”兄弟两人位于中部的老家傍着有山有水的日月潭，儿时的记忆中有满山的绿意和那些让他们引以为傲的产自台湾地区的外销品。他们精心打造的贰房苑的空间里充满着他们童年时熟悉的物件——自然生长的野生蕨类、蝴蝶标本，这些在都市里难寻的风景，塑造出独特的室内设计风格。在规划菜单时，也让许多日月潭的好味道现身品项中，如闻名中外的红玉红茶、自家酿制的小米酒……设计每道料理时，背后的发想过程也都来自生活的经验与观察。

地产地销，混搭新味

旧时吃饭是依循时令，跟着大自然的运转来采收食材，并按照节气选食，有着老祖宗留下的智慧，吃的都是新鲜美味。贰房苑里最负盛名的水果塔“台湾果塔”系列便是以每月时令鲜果制作，每款皆用两种以上的水果搭配出不同的口感层次，如荔枝塔、酒酿柿子塔等，随着四季更迭，水果塔的口味设计也相应推陈出新。

主食类中有一道在网上口碑满点的料理——干拌面。这来自陈和纬的观察：“咖啡店都在卖意大利面，怎么没有一点台湾味的东西？”以台湾价值为阐述的空间，还是要以当地饮食作为基础才更接地气。干拌面的面条Q弹有嚼劲，绝非机器制面可媲美。原来出自云林斗六的以古法制作的日晒面，自二代接手后，更在制面时加入天然蔬果汁，甜菜根的粉红、仙草的淡墨色，再搭上陈和纬精制的酱料及孜然麻辣、胡麻酱汁等，成为网友口碑相传的好味道。

陈和纬觉得爱吃是做餐饮业不可或缺的特质，而能把过往舌头尝过的好味道留在脑中成为食材与料理的资料库，再依所需从中挖掘，拆解后重组，然后演绎为自己的风格，更为重要。贰房苑推出的早午餐中有许多大家熟悉的台式配方，如“菜脯咸派”或是季节限定的“蟹肉乌鱼子三明治”，乍看之下有点老派的食材，以西式料理法烹调后，吃入口中转变为令人惊喜的美味。

跨界合作的茶酒，用设计力推广

这几年无论东方西方，都讲究从产地到餐桌间的距离。

撷取身边素材，走入产地是吴恩均和陈和纬致力要做的事，贰房苑的特色饮品——有机草本配方的“好朋友茶”与水果啤酒“山桃映”，都蕴含着体贴农耕者的心意。“‘9 · 21’大地震后，南投地利天主堂的修女带领当地妇女以有机的方式种植香草，希望多创造当地就业机会。”曾在信义乡服替代役的陈和纬因缘际会得知此事，开店后便委托修女制作“好朋友茶”，除了在店内贩售壶茶，吴恩均更为其设计成冲泡茶包盒组，从包装设计着手，吸引更多人了解茶叶背后动人的故事。

以水蜜桃为原料制成的精酿啤酒“山桃映”，也有着帮助果农面对不平等遭遇的初衷。“丑水果卖相虽不佳但品质不减，我们做这只精酿啤酒是希望能为农民带来一些助力，一同抵御市场筛选机制。”他们收购了不能进入市场的水蜜桃后，与专业酿酒师合作，以每瓶萃取1.5颗水蜜桃原汁的豪迈，不加入浓郁的人工香精，以清雅的果香呈现原始风味。同时把寻觅当地食材遇见的轶事，结合自身设计与说故事的营销力，架起生产者和消费者之间“相会”的桥梁。“山桃映”以融合文化与农业的价值，制作出具有本地精神的产品，更入围台湾OTOP（one town one product）产品设计奖，未来有机会以此向外发声，传达其理念给更多人知道。

F 让店员穿上量身定做的带有禅味意境的制服，有助于完善品牌。

G 贰房苑不局限自身定位，让走进来的人用心感受空间与食物的关系。

每个阶段要迎接每个阶段不同的挑战，想要经营长久，不可能一成不变。

从菜单到制服，呈现品牌完整度的细腻执行力

贰房苑并不以餐厅或咖啡店自居，而且不想走前人走过的路，更不想被定义，以保有更多的可能性。因此在选址时，刻意不选择个性太过明确的区域。最终选择了当时什么店家都没有的瑞安街。这是个文教气息浓厚的住宅区，它所散发的人文气息与他们想追求的氛围恰巧相同——以贴合当代的思维，呈现人文、饮食、生活美感的空间。

当我们从繁忙的大路走至瑞安街巷弄内，推开大门，便可看到吴恩均为贰房苑选定的品牌标准色——绿色——满溢各个角落。花艺师协助打理的花草，是留给都市人生活喘息的空间；家具的选用也相当巧妙，陈设其中的花砖、茶罐、玻璃窗体现出传统风味，与国外物件的混搭也有东方特色的巧思，不那么直接却有转化的余韵。“别人比较不愿意花钱的地方，我们反而花比较多心思去做，希望每个东西都有它的故事和被挑选在这里的原因。”吴恩均平时带领设计团队编撰杂志图文，获得了金鼎奖的杂志设计奖项肯定，贰房苑的菜单制作自然以相等规格进行，拿在手中厚厚一本的菜单本，如同一本精致的生活刊物，除了介绍餐点，字里行间诉说着食材们的故事与来龙去脉。

开放式吧台的设计让人能不时地闻到烹饪过程中所散发的诱人香气，随后由穿着一身简约制服的服务人员将美食送上桌，整个服务流程中，色香味都恰到好处。

“刚开始制服统一是黑色，直到遇到合适的人来做制服设计才改变。”吴恩均力邀服装设计师友人进行专属制服的设计——不像一般的围裙，但保留围裙的结构和功能，以大地色与绿色为主色，不但符合室内的氛围，为服务人员添上制服的配置，更彰显贰房苑品牌的风格与讲究。

多角经营、有机成长

在刚开店时，吴恩均常常放下手边正在做的设计工作，走入店里帮忙送餐或准备食材。除了人力调配上需要斟酌，尚未稳定的客源等，都是开店初期会面临的挑战。因为餐饮与设计事业同时并进、共享资源，协力扶持、给予彼此养分。“在这个时代，我个人觉得能多角化经营是重要的。”从开发餐点中挖掘可延展的商品、店内销售音乐产品和旅行书籍，或在特殊节日贩售鲜花……加入有个人观察的经营特点是让品牌能走更远更久的方针。

“餐饮业要用规模的方式经营，这样才有大赚的可能性。”但这却不是他们的首要目标。他们希

贰房苑经营团队（左）陈启健、（中）陈和纬、（右）吴恩均。

保有食物的原味，抱持着为自己做菜的心准备餐点。

望通过贰房苑达成各种自我实现。迈入营运第4年，他们准备开第2家店，新店面的街区风貌、空间大小和空间气氛皆不同，过往经验无法全盘复制，餐点会向上一层突破，因此未来2家店将重新调整定位，区隔出不同属性。

3个人根据各自的专业领域分工出力，配合融洽而能相互尊重，这也是贰房苑能在市场中持续推陈出新的原因。“它未来会是什么样子都可以，对于我们来说不会刻意追求，就跟着时代顺势而为。”目标是永续经营，每个阶段有着不同面貌，像植物般吸取环境养分，贰房苑会有机地成长下去。

贰房苑 Living Green 三大特色

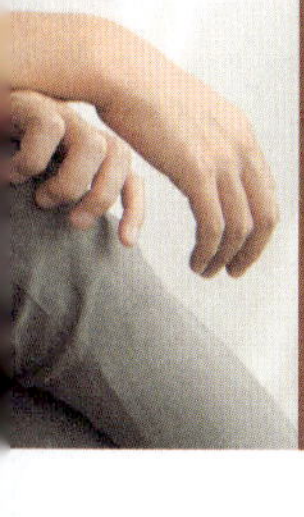

01

将西式餐饮的料理手法本地化，有别于寻常干拌面与早午餐的形态，将大众熟悉的饮食习惯重新整理，无论是享用正餐、聚会聊天，喝点东西或是吃点甜点，都相当合适，是一个全方位的用餐空间。

02

店内空间充满令人放松和愉悦的植物，并巧妙地混搭东西方元素，还有精心挑选的音乐，不但极具品牌辨识度与风格，也让顾客有独特感受。

03

为台湾优良的农产品带来更多可能性，从产地采购、商品的企划制作到整体包装设计、礼品营销的规划，荣获台湾百大伴手礼大奖，入围台湾 OTOP 产品设计奖。推广本地食材不遗余力，同时也成为品牌的加分优势。

01
挚友 南投番茄红酒炖牛肉米饭

NT$320

加入蔬果以及店内贩售的红玉红茶后长时间炖煮，温润的锅物、牛肉软嫩的口感，搭配高品质的台湾出产好米，是适合亲子享用的餐点。

02
轻叹 麻辣孜然仙草干拌面

NT$150

用精选自然烘干 6 小时的日晒面，加入胡麻、孜然、辣酱，宽版的面体伴着微辣的酱汁，越吃越开胃，网友称之为“神奇拌面”、贰房苑的招牌咸食。

贰房苑 Living Green

Signature Dishes

03
亲密爱人 时令果派 无籽葡萄塔

NT$250

时令果派每月限量推出。经过长时间研发改良，除了派皮与水果，夹层乳酪增加了湿润的口感，同时提供外带服务，特殊时节也会推出限定礼盒。

04
星愿 金沙甘纳许

NT$180

丝滑浓郁的甘纳许，吃到最后都不腻口。店中每道甜点都会加入一味台湾食材，这一道甜点的内馅配方神来一笔地添加了咸蛋黄，让人惊奇连连，连不喜甜点者都会爱上它。

05
山桃映

NT$210

收购拉拉山上卖相不佳却品质优良的丑水果，集结农民的心血酿制而成，作为台湾地区第一支水蜜桃精酿啤酒，不含任何香精及添加物。为了品茗时也能闻到自然果香，一瓶酒大气放入 1.5 颗水蜜桃的浓缩原汁，果真开瓶时果香四溢，喝得出小麦与水蜜桃的清雅芬芳。

06
穷芽 日月潭有机红玉红茶

NT$300

来自老板家乡最负盛名的农产品，曾荣获百大人气伴手礼奖。厚实甘口的口感，带有特殊香气，有肉桂韵味，店里多道料理都取其为材料之一，目的是增添回甘好味。

贰房苑 Living Green

OPEN DATA

单位：新台币

营业基本DATA

每月目标营业额：85 万元

店面面积：50 坪（约 165 平方米）

座位数：42 个

单日平均来客数：90 人

平均客单价：380 元

开店基本费用

筹备期：6 个月

房租、押金：20 万元

预备周转金：100 万元

空间装修费用：400 万元
（包含改结构、装潢费用和设计费）

家具软件、餐器用具费用：110 万元

厨房设备费：70 万元

初期料理试做费用：10 万元

CI 或 LOGO 规划、menu 等周边小物设计与制作费用：10 万元

营销物资费用：10 万元
（网络营销经营）

每月营业支出占比

- 店面租金：12%
- 水电、网络：12%
- 食材、酒水成本：35%
- 人事：18%
- 营销经费：7%
- 杂支：6%
- 空间、设备折旧摊提：10%

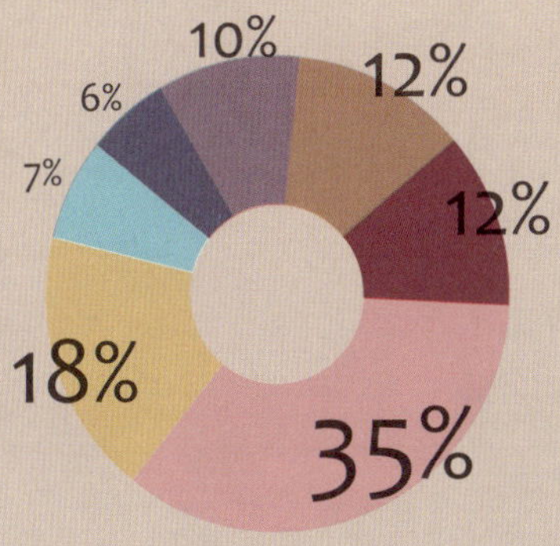

每月营业收入占比

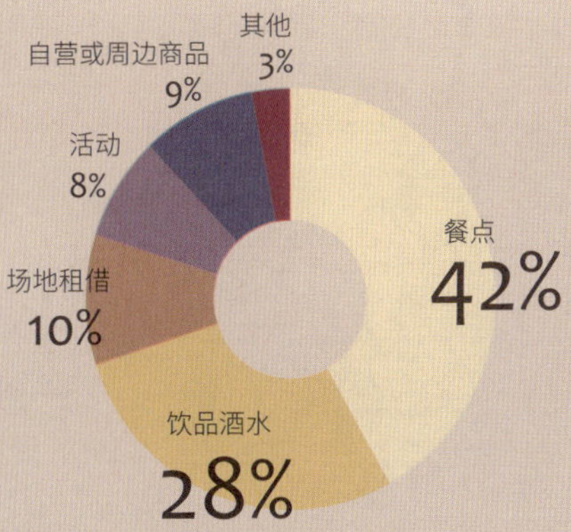

台味正潮

毛房葱柚锅 冷藏肉专门

台南本地食材、老屋、温度
与美食的传承

毛房葱柚锅 冷藏肉专门
在2017 A.A.TASTE AWARDS
亚太无添加美食奖获选一星评比，
以及2018 IF DESIGN AWARD
获得室内设计大奖，
料理与空间同时大放异彩，
在老房子里吃火锅，
给追求新鲜体验的食客，
提供了一处感受有别于其他台南小吃店
的饮食风情好去处。

文·陈婷芳 摄影·星辰映像 雷昕澄

毛房葱柚锅 冷藏肉专门

店址／台南市东区府东街 148 号

电话／06-209-8199

Web／www.facebook.com/Maofun2098199

营业时间／周一至周日 11:30～14:30、17:30～21:30

目标客群／10～80 岁美食爱好者、家庭客群

A、E 老房子在改装时保存下部分重要建筑元素，例如铁花窗、磨石子等，新旧融合，展现出老屋特有的韵味。

B 餐厅招牌——挂在铁窗上，以手工红铜手打而成的大字“毛”，特别吸引过路客的注意。

C 在入口玄关墙面，以铜制汤匙围绕构成入口团圆意象。

D 名片设计有如锅子的轮廓，点出毛房主打锅物的品牌核心。

两层楼高的街屋，素朴的水泥色搭衬着铁花窗，这是在台南街道巷弄之间最熟悉的老屋面貌。毛房葱柚锅冷藏肉专门进驻在这么一栋半百屋龄的老房子，低调的外观犹如老照片一般，铁窗上的“毛”字是用红铜手打而成，铜锈仿佛诉说着老房子与时间的故事，绵远流长。

以姓氏为品牌识别，代表商誉

自从13年前开设诺亚方舟餐厅，以及后来的小方舟串烧酒场、毛丼 · 丼饭专门店、毛房葱柚锅冷藏肉专门以来，经营者毛耀呈在台南餐饮界已颇为有名。从西餐跨界日料，甚至4家店4个品牌，毛耀呈没有选择一般复数店的成功捷径，无论是10

D

E

多年前的西餐Lounge Bar正流行，还是近年串烧居酒屋风靡当道，他认为每个品牌的内容与开店时机，都是和自己不同时期所偏爱的食物和成长背景有关。

4家店的演进和毛耀呈的成长背景有很大的关系：外公、外婆在日本殖民统治下长大，父亲是外省人，母亲是本省人。父亲热爱下厨，除了做外公、外婆喜爱吃的日式料理，父亲还计划在退休后开一间属于自己的日式料理店。父亲因长年在外地工作，3个月才回家一次，因此毛耀呈小时候与父亲感情疏离。但在自己有了家庭和孩子之后，他渐渐理解了父亲对自己的爱。毛耀呈自身十分重视食品安全的细节，毛丼 · 丼饭专门店开始追求食材的改变，但在毛房葱柚锅冷藏肉专门才算实现得淋漓尽致，使用的食材九成以上是无毒或有机食材。毛丼 · 丼饭专门店和毛房葱柚锅冷藏肉专门皆以毛耀呈的姓氏作为CI品牌识别，正代表对父亲的思念以及对自己的出品很有信心。“现阶段对我而言，这关乎企业责任与商誉。”毛耀呈说。

日本大葱+柚子酱+
主打冷藏肉，确立餐厅定位

“原本设定的是很时尚的火锅店，并且锁定high-end高端消费客层，完全没有想过是老房子。”毛耀呈很庆幸当时没有仓促创业，虽然一直很想开设日式火锅餐厅，但毕竟南北文化有很大不同，南部人爱吃沙茶炉，口味偏重，还必须是鸳鸯锅，要有多种锅底以供选择。品牌创意总监毛太太说：“毛耀呈点子多，性格比较跳，他不会跟风时下流行的趋势。”完全以昆布加柴鱼高汤为锅底的日式火锅，蘸酱也是清爽的柚子酱，这在两年前算是相当挑战台南人的口味。

关于葱柚锅的灵感，其实来自毛耀呈到京都必访的“葱屋平吉”与“柚子元火锅”两家店。对台湾人的饮食习惯来说，日本大葱煮的锅物太单调，日本柚子味道太酸也太跳脱，于是他想到可以将两者结合在一起。毛房葱柚锅冷藏肉专门首先确立3个定位，就是日本大葱、柚子酱、主打冷藏肉，以此方向展开从产地到餐桌的寻访食材旅程。

台湾本地食材理念，
不时不食遵循自然之道

做日式火锅就要用地道的日式做法，在日本火锅菜盘通常只有水菜（日本芜菁），于是毛房葱柚锅冷藏肉专门会在菜盘里必备水菜，完全没有任何加工品。

F 为了服务一或两个来用餐的客人，特别规划了吧台形式的用餐区。

G 毛房特别讲究用具，如葱柚锅用的手打铜锅即是选用日本的新光堂铜锅。

“台湾火锅店很少敢用水菜，除了因为成本高外，水菜属秋冬作物不易种植，也会影响供应量。”为了坚持要有日本大葱和日本水菜，毛耀呈干脆直接与台湾小农合作。

从菜盘到肉盘都选用台湾本地食材是毛房葱柚锅的理念之一。菜盘以时令蔬菜为主，所谓“不时不食”就是遵循自然之道，食物应时令、按季节来吃，北海道水果玉米、高丽菜、蕈菇、野菜等，多数是采取小农契作，具产销履历，是可溯源的食材。毛耀呈甚至会建议客人生吃品尝水果玉米、日本大葱，感受最自然的原味。食材上还有以台南麻豆文旦自酿的柚子醋，能吃到浓郁米香的台农71号益全香米，每个环节都能看到台湾小农的身影。

重头戏莫过于冷藏肉。要与市面上火锅店多用的冷冻肉有区别，毛耀呈的想法是“非要日本标准不可”，而日本火锅吃的一定是冷藏肉，同时又尽量优先使用台湾本地食材，当初为了找到理想的肉品来源，着实煞费苦心。葱柚锅主打的冷藏鲜肉来自云林的究好猪，采用人道饲养，以无药残、不施打抗生素的方式饲养，与毛耀呈的理念相合。“我不用伊比利猪、巴克夏猪，因为国外猪无法冷藏，既然供应的是台湾猪肉，消费的定价可以更符合市场的接受度，也更能忠于自己想要传递食物的价值。”毛耀呈说。

翻开毛房葱柚锅冷藏肉专门的菜单，脉络精简，无须选择锅底，特选锅料理套餐有8种，因应老饕偏好而供应的单品料理重质不重量，如手工鱼册鱼饺等老台南古早味，或如安平鲜蚵、七股文蛤等浪尖上的海味。他说：“每个人都有选择偏

好，我自己吃饭也会选择菜品数少、质量好的店家，单纯从经营者角度来思考，其实这样库存也会变小。”

老屋空间新旧融合，增添国际化的时尚质感

毛耀呈夫妻俩是台南本地“囝仔”，对台南老房子特别喜爱。毛耀呈笑说：“一般正常程序应该是我想要做什么再去找房子，毛井 · 丼饭专门店和毛房葱柚锅冷藏肉专门却是先看到房子才想到做什么。”毛房葱柚锅冷藏肉专门所在的这栋老屋原本闲置荒废了30多年，屋况极差，之前他每天经过也没有想要在这里开餐厅，只是觉得这房子很可惜而已，当时开店时抱着试试看的心理，却从此结下缘分。

毛房葱柚锅冷藏肉专门的空间美学由毛太太主导：“我们首要原则就是把老房子原有的结构保存下来，例如铁花窗、磨石子、砖瓦、木梁等。”为了将两栋楼房打通，毛耀呈委托土木技师加强结构且请专人鉴定，并重新铺设管线水路。毛耀呈坦言，老房子的修缮费用甚至比拆掉盖新房的费用还要多。

“我很不喜欢老房子看起来脏脏旧旧的。”毛太太保留了老房子该有的年代韵味，增加了西班牙花砖、摩洛哥吊灯，营造出复古又时尚的质感，如同在楼梯转角投影的一行文字“There is no sincerer love than the love of food”。这是英国大文豪萧伯纳说的，没有一种爱比对美食的爱好更真诚。“老房子不必非得是台南味，我想要设定更国际化的空间情境。”毛太太说。

从器皿到服务，注重日式氛围细节

空间色彩主要有铜色与绿色，这是CI企业识别的颜色，除了老屋原有的记忆，毛房运用大量铜器与木材质，自然氧化形成时间的延续。毛耀呈说：“我们很喜欢铜器这种有温度的工艺品。”葱柚锅用的手打铜锅是日本新光堂铜锅，接下来还有共锅的计划，打算用上夫妻俩最爱的日本有次铜锅；此外，葱柚锅用了许多日本大葱，这是绿色表现的由来，“设计师特地以台湾早期才有的铜绿色，在天花板、板凳、水管上色”，低彩度的主轴有画龙点睛的效果。

开店没有固定的方程式，也许重口味久了之后，味觉会慢慢回到天然的滋味。对每一次新的尝试或转型，最好的心态就是慢慢了解而认同。

H、I 除了保留了老房子自带的年代韵味，又新增了西班牙花砖、摩洛哥吊灯，营造出复古又时尚的质感。

既然是日式火锅专门店，那么日式氛围就尤为重要，包括服务人员的服饰、陈设用具都是日式设计，店内音乐用的是日本歌曲，客人进门时会听到服务员说“お帰りなさい”（欢迎回家）。在毛房玄关以铜制汤匙围绕构成入口团圆意象，令人印象深刻，毛耀呈解释说：“台湾人团聚的时候就会吃火锅，我想借此表达团圆的情感意涵。”既然是回家，便可以很放松，安心地吃家人准备的食材料理。

毛房葱柚锅 冷藏肉专门经营者毛耀呈。

专业与信任，经营法则言简意赅

毛房葱柚锅冷藏肉专门不从正门进出，在西侧留了一道小径带往侧门，保持低调幽静。日本京都的很多餐厅都是这样的规划，沿着外墙摆放着长板凳作为候位使用。不难想象排队的长龙。“我们不喜欢爆红，但也会正面看待。”毛耀呈谈到，在毛房葱柚锅冷藏肉专门刚推出时，客人的期待值的确非常高。两年下来，毛房葱柚锅冷藏肉专门一直是令人安心的。他从毛房葱柚锅冷藏肉专门去检视改善前3个品牌的体质，创业会有时运，但不能短视，建立专业度和客人信任度就是品牌价值的基石。

毛房葱柚锅 冷藏肉专门 三大特色

01

菜盘里一定有日本大葱和日本水菜，以体现日本家常菜风味，为了有稳定的货源，特地和台湾小农合作。日本大葱可生吃，甜度高，日本水菜营养价值高，服务人员在上菜时会先说菜，菜品简单氽烫即可品尝。

02

忠于台湾本地食材的理念，一定要冷藏鲜肉，自然无毒饲养，肉盘是来自云林的究好猪，以及起源于台南龙崎纯正放山鸡的野饲崎鸡，为了自控品质，特地斥资添购日本进口的冷藏肉切片机。

03

虽然坚持菜盘上只有小农蔬菜，但为了习惯传统火锅吃法的客人，精选了少许老台南本地好料，手工鱼册、阿嬷虾米丸、超弹牙猪血糕、非转基因有机豆皮，全都是台南老市场才有的手工古早味。

毛房葱柚锅 冷藏肉专门

OPEN DATA

单位：新台币

营业基本DATA

每月目标营业额：150万～180万元

店面面积：占地面积30坪（约99平方米）、建筑面积60坪（约198平方米）

座位数：58个

单日平均来客数：100人

平均客单价：480元

每月营业支出占比

店面租金：16%

水电、网络：7%

食材、酒水成本：40%

人事：25%

空间、设备折旧摊提：12%

开店基本费用

筹备期：12个月

房租、押金：16万元

预备周转金：100万元

空间装修费用：270万元
（包含改结构、装潢费用和设计费）

家具软件、餐器用具费用：450万元

厨房设备费：180万元

初期料理试做费用：10万元

CI或LOGO规划、menu等周边小物设计与制作费用：70万元

每月营业收入占比

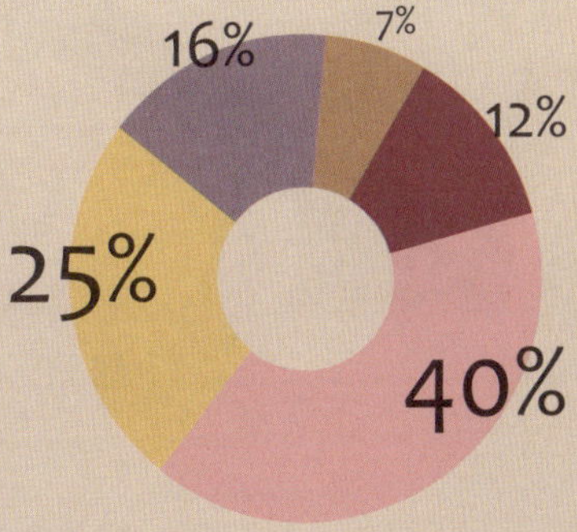

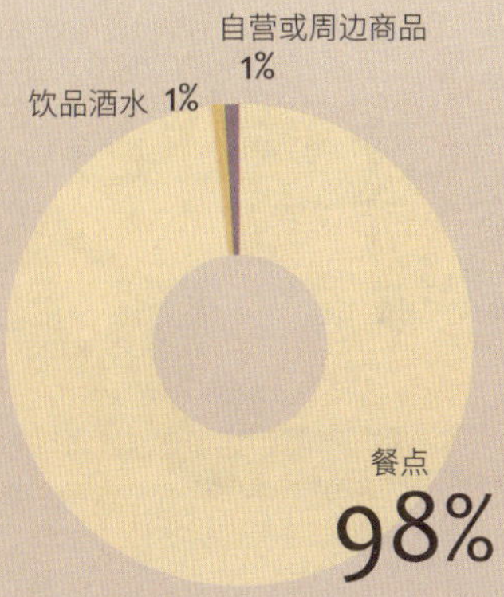

毛房葱柚锅 冷藏肉专门

Signature Dishes

01 直送小农蔬菜

日本大葱、日本水菜、北海道水果玉米、高丽菜、鸿禧菇、杏鲍菇等食材，采取小农契作，无毒有机，让人吃得好安心。

02 阿嬷虱目鱼三料丸

以虱目鱼皮、鱼肚、鱼肉独家特制的虱目鱼三料丸，比起单纯的鱼浆，口感层次更丰富。

03 手工鱼册

只有到了台南才吃得到的古早味，以狗母鱼肉打成鱼浆制作，再包覆鱼肉末，吃起来弹牙鲜味，是婆婆妈妈们最爱的老市场火锅料。

04 花枝浆

强调能吃得到花枝的花枝浆，鲜美 Q 弹，放入昆布柴鱼高汤，更能带出鲜甜的海鲜味。

05 芋见鲜肉丸

原是隐藏版料理，实在太受喜爱而变成人气单品，肉丸一咬下就能吃到绵绵的大甲芋头，比爆浆口感更梦幻。

06 究好猪

顶级腹胁肉严选油花、油脂最丰满的部位，顶级嫩肩肉精选梅花肉肉质软嫩部位，脆弹口感，最适合“吃软不吃硬”的人。

07 日本柚子汽水

柚子的香味平衡了汽水的甜腻，照顾不喝酒的朋友，与日式火锅搭配有满满的清爽感。

和興號鮮
HoHsin

和兴号鲜鱼汤

老店新开
创造台南美食小吃新指标

这是一个老店新开的经营案例，
从骑楼的街边店转型为全新的实体店面，
以全新的店名再出发，
每个改变都是一次新的抉择，
和兴号鲜鱼汤的勇于尝试，
让人对台南小吃店的观感有所改变，
吃小吃也可以很『潮』。

文·陈婷芳 摄影·星辰映像 雷昕澄

和兴号鲜鱼汤

店址／台南市中西区忠义路二段 49 号
电话／ 06-221-5257
Web ／至 FB 搜寻“和兴号鲜鱼汤 HoHsin Fish Soup”
营业时间／平日 11:00 ～ 14:00、17:00 ～ 21:00
假日 10:30 ～ 14:00、17:00 ～ 21:00
目标客群／ 5 ～ 100 岁 美食爱好者、家庭客群

紧邻台南五栈楼仔的林百货旁，和兴号鲜鱼汤必然会受到不少观光客的关注。崭新的店面给人“新开店”的错觉，这一点会吸引许多饕客前来尝鲜。其实，横立的招牌上落款写着“Since 1999”，告诉人们开店已近20年光景。店里人气很旺，假日时客人还得拿着号码牌排队。在休店沉淀近5年后，老店转型再出发，人气依旧。

町仔脚的小吃摊，以口碑奠定转型基础

“和兴号鲜鱼汤其实是老店新开，并不是传承给第二代接班。”店长王惠慧一开口就先释疑。关于和兴号鲜鱼汤说来话长，1999年老板吴朝荣在公园路路口开了这家店的前身“鱻鱼店”，当时就是一个所谓“町仔脚”的小吃摊，因为料好味美，靠着一碗一碗的鲜鱼汤，慢慢地建立起为数颇多的老主顾客群，直至2013年，吴朝荣和王惠慧想要调整转型，也打算在料理和食材上有所精进，于是毅然决然地结束了小吃摊的生意。

2017年适逢老板的兄弟姊妹们纷纷退休，大家于是兴起了开启退休后“创业计划”的念头，因此决定将“鱻鱼店”重起炉灶，一来是因为“鱻鱼店”当年已培

A 和兴号鲜鱼汤从旧时的小吃摊转型为更明亮、舒适，更符合现代餐饮需求的店面空间。

B 吧台设计仿照日本料理冷台设计，高脚椅前方钩着的绿色小渔网，用来摆放酱油小碟子。

C 将鲜鱼汤以插图风格呈现于暖帘，上头写着“Since 1999”，标明此店的历史已近 20 年。

B

C

养了一群忠实顾客，二来是因为鲜鱼汤也算是台南饮食文化中颇具代表性的料理。“有了共识之后，我们决定以老父亲已经营了70年的金纸铺‘和兴纸行’为名开了这间和兴号鲜鱼汤，同时也代表家和万事兴。”王惠慧说。

创新与守旧的抉择，锁定年轻族群

老店新开的过程需要面临创新与守旧的抉择，最大考验莫过于店名的改变，虽然“鱻”与“鲜”同音，但对很多人来说却是不会念的。王惠慧坦言，要放弃原店名是很不容易的决定。其次是不再规划前台处理鱼货的工作区。“以前在老店时，老板就在摊子上整鱼、去骨、片鱼，台湾南部地区居民习惯要看得到这个过程才感觉新鲜。”现在店面则必须考量整体空间环境，不得不改变这个做法。另外，台南人会把鱼汤当作早餐，但因为店面位置在商业区、观光点上，观光客多半不会特地来吃早餐，因此早上营业时间没有多大收益。

之前曾有穿拖鞋的老阿伯到了门口却不敢走进来，也许是在迟疑这样的店是不是年轻人的潮店。“鱻鱼店若不细看门面，的确和老店一点关联也没有，会出现距离感。”王惠慧提到，台南是小吃及美食之都，是一个各种传统特色小吃与时下流行时髦的餐厅并存的都市，或许是因为考虑到用餐的舒适性及卫生条件，很多年轻人偏向到有空调、明亮、舒适的餐厅用餐。“我们希望小吃的这项饮食文化可以传承下去，所以开店前的计划就是将餐厅打造得舒适明亮，让年轻人和外地客愿意走进来体验鲜鱼汤这种小吃料理，也想借由新的店面风格给老顾客一个耳目一新的感觉。”

简约文青风格为主题，生活化巧思营造空间氛围

暖帘上的字样和主LOGO依然保留“鱻”字，让老客人能有所联想并产生共鸣，白色砖造主墙的手绘鱼图则是巧妙运用玻璃窗折射原理，让鱼儿游向里面，代表着丰收满载的意思。“客人常会问那是什么鱼，我总会打趣地说，那不是在海里抓的，是在网上捞的。”王惠慧的妙语如珠令人印象深刻。

以黑白为底的低彩度空间，搭配木作桌椅吧台，流露出简约的日式轻工业设计风格。吧台仿照日本料理冷台设计，玻璃柜里陈列着每天新鲜现做的小菜，让人一目了然。在老店时期，小菜是写在黑板上的。其实客人不见得知道是什么料理，例如招牌小菜之一的花生豆腐，新客人总以为是在豆腐上洒花生，实则不然。以往客人要点鲜鱼汤时，必须主动开口问老板今天有什么好吃的。“对年轻人而言，这种客制化的鲜鱼汤容易造成体验的障碍。”王惠慧解释。吧台很适合一个人来用餐的客人——单身族、独居长者经常独自用餐，温热的鲜鱼汤仿佛可以给人带来温暖和慰藉。

因为年轻人喜欢拍照，有一些创意灵感也应运而生。在餐桌底部堆叠绿色物流箱当作包包的置物篮，角落放置鱼篮表达鲜鱼店的装置艺术，吧台上的鱼篓装的是名片，桌边钩上的小渔网有酱油碟子，更有趣的是，筷套打开里面有签诗，让人有种莫名的期待感。如此利用渔人的故事营造出活泼的餐厅风格。

菜单设定简单不花俏，小农食材更精挑细选

不再沿用老店客制化鲜鱼汤的经营形态，和兴号的菜单设定更趋于简单。“老一辈对菜色的观念就是要包山包海，可以照顾到更多人，但既然要转型，就应该专注在自家招牌料理上。”王惠慧听取了年轻一辈的管理之道。菜单上的姜丝、味噌、西瓜绵是原有的旧口味，每日限量的豆乳与翡翠则是新品，以龙胆石斑鱼为主轴，发展出从清爽到浓郁的不同口味。

王惠慧表示，喝鱼汤在台南本身就是一种文化，而因为台南虱目鱼、土魠太多了，当初鱻鱼店特意不去强碰主流市场，这才发展出用野生的红条、海鲡、石斑煮鱼汤的料理。至今老板依然保持亲自操刀的习惯，工作之余也都看到他在磨刀，甚至被自己太太笑称是切鱼的宅男。

男主内、女主外是他们的分工方式，王惠慧每天早上6:00就去市场买菜，另外会从各地小农那里寻找一些时令少见的蔬果野菜做成特色料理。“以前的人是呷饭配菜，现在是呷菜配饭，饮食习惯完全颠倒。”王惠慧对自己的私房小菜感到自豪，例如花生豆腐采用黑金刚花生做成豆腐，并淋上南投小农自制梅果酱，看起来很简单的小菜，但口味层次很丰富，即使是常见的烫四季豆，也自创藜麦加入胡麻酱搭配的新吃法。

D、H 因应新世代热爱拍照打卡，店内处处可见与客人互动的有趣点子，如角落鱼篮内的鱼货装置艺术、筷套打开后藏着签诗等。

E 暖帘上的字样和主LOGO依然保留前身“鱻鱼店”的“鱻”字。

F 可供外带使用的酱油小容器，也特别选用小鱼造型。

G 玻璃柜里陈列着每天新鲜现做的小菜，让客人一目了然。

这家店是我们人生的最后一搏，把所有精力体力投入其中，期许自己当得起“鱼汤界的LV”这个称号！

食材新鲜度最重要，熬汤汆烫好基底

“每天的鱼货进货量需要很精准，因为鱼货最讲究的就是新鲜。”鲜鱼汤的高汤基底要用大量鱼骨熬制约7小时，吴朝荣最喜爱味噌鲜鱼汤，他毫不藏私地分享自己的心得，那就是无须计较味噌牌子，美味的灵魂来自鱼骨的高汤，他做的鲜鱼汤连日本人都赞不绝口。另外一款超级古早味的西瓜绵则是台南特有的味道，自制的西瓜绵需要7~8天的天然发酵。“我们的理念就是做自家人都喜欢吃的美食，食材的把关绝不能放松。”王惠慧补充说明。

台南人的地道吃法是鲜鱼汤搭配主食，如虱目鱼脯饭或瓜仔肉饭，也可以在鲜鱼汤中加入意面。小菜台营造的是一种类似传统饭桌菜的用餐概念，让客人可以搭配出一桌有菜有汤有主食的组合。“鱼汤配卤肉饭很对味，但是卤肉饭我自认做得不如那些小吃老店，于是我就想到了瓜仔肉拌饭。”王惠慧认为即使传统小吃也必须保有弹性的因应之道。

I 空间以简约的日式轻工业风格为主，搭配木作桌椅吧台，给人明亮舒适之感。

J 吴朝荣与王惠慧两人男主内、女主外，同心经营料理。

K 老板吴朝荣至今仍是亲自操刀，日日亲上料理台片鱼煮汤。

老店实战经验，为理想投入而乐在其中

忙忙碌碌大半辈子后，吴朝荣和王惠慧夫妻俩大可去享清福了，但有些事，无关年纪，比如说，听到老阿伯喝完鱼汤后讲了一句“很好喝”，这对他们而言，会带来绝非金钱可以衡量的成就感。“我们的初衷是想要建构一间属于台南喝鱼汤文化的店，创造台南小吃美食形象概念店。”王惠慧表示。创业需要理想，拥有20多年老店实战经验，老店新开才能更接地气，也更有底气。

和兴号鲜鱼汤
三大特色

01

鲜鱼汤料理重点是展现鱼肉的弹牙口感及鱼汤的鲜甜味，食材新鲜与否非常重要，店内的龙胆石斑鱼都是当天由安平港直送，绝不用冷冻鱼肉，皮厚有弹性，肉质紧实弹牙。

02

季节性食材稀罕难得，翡翠鲜鱼汤中的“翡翠”是采自澎湖列岛将军屿的野生海菜，有专人采集清洗，数量有限；海鲜面里的野生赤嘴仔也是可遇不可求，还有自制的菜脯、西瓜绵，吃得到地道的古早味。

03

小菜台上营造传统的饭桌菜，整洁有序，菜色多元，苦瓜佐花椒豆豉，赤道樱草佐樱花虾，封肉搭配南投竹山有机笋的特制笋干，新鲜送达的蕈菇在烤箱里锁住滋味，店长王惠慧独到的烹调手法不胜枚举。

和兴号鲜鱼汤
Signature Dishes

01
翡翠鲜鱼汤

NT$200

春天采自澎湖列岛将军屿的野生海菜，数量有限。宛如翡翠般精致的鲜鱼汤色，更能衬托龙胆石斑鱼的不凡身价。翡翠鲜鱼汤配料丰富，虱目鱼皮做成的黑皮丸富含胶质，肉质鲜美，比起虱目鱼丸口感更独特，是坊间很难吃到的特制鱼丸。

02
西瓜绵综合鲜鱼海鲜面

NT$250

满满一碗综合海鲜，有龙胆石斑、海鲡、虱目鱼、白虾、蛤蜊、虱目鱼皮丸，超丰盛，西瓜绵鱼汤喝起来酸香够味，又不掩盖海鲜的鲜甜滋味，几乎是南部海产店必推的特色招牌。

03

味噌鲜鱼汤

NT$160

浓郁的味噌汤头并没有特地使用日本味噌来增加醇味，而是因为鱼骨熬出的高汤特别鲜美，使得味噌的味道分外纯粹。味噌鲜鱼汤除了有真材实料的龙胆石斑鱼肉，还放上了豆泡，吸饱汤汁时豆泡吃起来超有古早味，以前老一辈人都是这样吃的。

04

豆乳鲜鱼汤

NT$180

店长王惠慧原创的豆乳新口味，用非转基因大豆研磨的豆乳调和在鱼骨熬煮的高汤里，加入大白菜，引出蔬菜的甘甜味，汤头喝起来清爽不腻，洒上自制的炒辣椒粉，辛香而不麻辣，在喜爱尝鲜的年轻人中相当有好评。

05

花生豆腐

花生豆腐是经典的传统客家菜之一。黑金刚花生研磨制成的豆腐，有着梦幻的紫色，堪称色香味俱全，吃起来口感像奶酪。不局限于凉拌豆腐淋上酱油膏的吃法，佐以创意的变化，搭配南投竹山小农的手工梅果酱，滋味咸咸甜甜又爽口。

06

赤道樱草佐樱花虾

俗称日本枸杞叶的赤道樱草，台南人通常称之为活力菜，最佳的料理手法就是煮，呈现赤道樱草原色与本质，佐以樱花虾或其他食材，可以充分发挥创意。

07

虱目鱼脯饭

NT$30

严选虱目鱼菲力部位的鱼柳特制成鱼脯，有别于古法，改为倒入色拉油一直搅到酥，刻意表现香气的特色，店长王惠慧特地保留最原始的风味，愈朴实，愈安心。

文·陈慧珠 摄影·张艺霖 图片提供·惊喜制造 Surprise Lab.

特殊用餐体验

惊喜制造
Surprise Lab.

用一顿晚餐的时间
为都会生活带来奇想乐趣

新创浪潮正盛，
许多创意正随时在你我的生活中出现，
原创体验的制造商——惊喜制造，
以『沉浸式体验』融入餐饮服务，
创造出新的游戏规则，
过去没想过的事情，
一切都有可能发生。

惊喜制造 Surprise Lab.

店址／台北市健康路 9 号 1 楼

Web／www.surpriselab.com.tw／diningindthedark2／about.html

营业时间／依实际订位时段

目标客群／25～35 岁女性，勇于尝试、社群媒体使用者

近两年社群媒体热门的话题是无光晚餐和table for ONE（一人餐桌），以限时快闪的店面空间、新奇有趣的用餐过程，让“吃一顿饭”的时间不只是吃饭，还有更多从大脑、身体五感全面开启的体验，吸引了许多人的关注。执行这个餐饮创意的，是由陈心龙、林业轩共同领军的惊喜制造Surprise Lab.。惊喜制造成立了两年左右，成员们来自不同的专业背景，每个计划都由团队共同策划。惊喜制造在2018年下半年推出了无光晚餐第二季，首次挑战预售集资计划，采用线上预售模式，同样获得漂亮成绩。

原创体验的制造商，台北可以更有趣

A

B

成立惊喜制造和后来两个计划的成功，起点都来自陈心龙在英国求学的经验：“伦敦是一个什么事情都会发生、都可以发生的城市。我从2014年在那里生活时发现，社群广告和资讯已经过于膨胀，人们开始重视能真正经历到的体验，所以当时有非常多的快闪店、沉浸式体验的剧场和表演。大家也愿意花钱去支持那些好的事物，人们认同创意，认为创意是有价值的。创作的人不管有没有背景、有没有钱，只管抛出最有创意的想法，然后拼命去做。在努力地把脑中的概念呈现出来后，如果能获利，自然能更坚定信念。这样的氛围我觉得很棒！”

回到台湾后，他觉得台北也拥有可以变得更加有意思的可能性，而为什么选择“餐饮”作为沉浸式体验计划的第一个切入点呢？陈心龙说：“台湾的顾客其实愿意花钱在饮食需求上，这是个好的基础。而前几年‘食物设计’很热门，我在英国时也去参加了当时在欧洲最好的两个计划，他们确实很棒，而我认为我们也能做到。这两个计划发展时间都不超过10年，我想如果给我们10年的话，应该可以做得比他们好。”

惊喜制造以“原创体验的制造商”为定位展开行动，首先测一测市场的水温。陈心龙打定主意：若是第一季的无光晚餐成功，就可以继续做下去；如果失败就解散团队。结果这种台湾从没有出现过的餐饮体验形式一炮而红，许多合作邀约接连而来。“现在我们会与不同的设计师、团队合作，推出属于他们的原创体验。但目前的邀约案件还是脱离不了食物范畴，或是与食物相关的空间。”陈心龙很清楚自己的目标：“我不是要变成fine dining restaurant（高级餐厅），也不是想要做连锁餐厅，我们就做好的体验。”

A、B、C 无光晚餐第二季接待处及入口设计如舞台般戏剧感十足，引人注目。

挑战市场，
贩售“无法预测的饮食经验”

突破传统餐厅的框架束缚后，惊喜制造加入了天马行空的创意奇想，以无光晚餐作为首发体验作品的主题，噱头十足。“我们想做一个往好玩有趣方向走的黑暗体验。”走入无光晚餐的空间，用餐者会被带到伸手不见五指的全黑的环境中，如此视觉之外的感官知觉自然而然被放到最大，比平日敏锐数倍以上。在顾客无法确认放入口中的东西是什么的时候，每道料理仍经过精心设计，结合不同的小活动、互动指令，颠覆人们日常吃饭的惯性逻辑，宛如一场自我探索的过程。

D

如果你的心是正向的，你的产品就会是正向的，价值就会传递。

E “table for ONE”的空间设计在每个座位之间保留了微妙的距离感——让用餐者可以沉浸在一人的小世界里，也可以悄悄地观察其他桌的客人。

E

D、F 经营模式如表演剧场般，在同样的场域地点，随着每档计划的内容改变空间设计表现，图为无光晚餐和 table for ONE 的餐厅外观对比。

F

看似脱离常规的创意，执行起来却非常务实。在计划前置期，陈心龙会先计算整体的财务结构，同时，要呈现什么样的画面、体验的品质、需要的时长，都在脑中跑过一轮，再去分配手上的资源。无光晚餐的成功营运让惊喜制造得以继续“玩”下去。

赋予 90 分钟更多价值
——table for ONE

新作品不免会遇到新挑战，陈心龙提道：“我们已经知道怎么让食物变得有趣。现在关键是如何在整个过程中真实传递我们想诉说的价值。以table for ONE（一人餐桌）来说，它的概念比较难沟通，不管是逻辑层面还是感性层面。”顾名思义，这是一个只接受一个人订位、一个人吃饭的空间。团队花了3个月时间不断讨论，从用字的定义、挖掘独处对都市人生活的必要性和吸引力，再发展出“一个人很好，一个人有很多面、很多可能”的核心论述。

table for ONE巧妙地间隔开了每一个座位，让你确实处于“一个人用餐”的状态。除了和自己独处的用餐过程，空间中所隐藏的小道具，和外场人员之间的互动，用餐结束后写一封信给陌生人，一个月之后你也会收到另一个陌生人写的信……种种细节使得整个过程其实不限于用餐的90分钟，还有各种体验，这些体验会在内心慢慢发酵，形成特别的感受。

陈心龙也不讳言，团队刚开始时忐忑不安：“我们知道这件事很好，但不确定会引发什么。”后来，从客人留下的纸条或社交媒体留言里，看见有的人带着已过世的另一半的照片来用餐，边吃边落泪，哭完之后继续面对明天；也有男友推荐女友来，女友静静一个人吃完，回去后却决定分手；也有儿女特别送给母亲一人餐桌的体验。“在table for ONE，我们发现多了人性温暖和治愈的故事。”table for ONE实际接触到的客群很广，这是作品本身带给团队的惊喜。

不只是餐厅，更像剧场，所有人都是演出者

餐厅以“吃”作为体验切入点，而陈心龙非餐饮专业出身也毫无相关经验，要直接管理整个厨房团队，难度非常大。“fine dining一般以明星主厨和料理为主，我们则恰恰相反，是以外场为核心。先想出要给客人什么样的体验、外场要如何服务，再请主厨配合这个方向去设计菜单。”两档计划执行下来，陈心龙才慢慢了解如何和主厨沟通。

由于核心是体验为主，因此对第一线的外场人员的要求也跟一般餐厅不同。“我们给的观念是，你是演员，不只是服务生。借由这样的角色设定，让每个人出现在这个空间时，如同在‘舞台’上创造出自己的角色并融入整个氛围中。而客人走进餐厅，也不只是吃顿饭或看个表演，而是实际一起参与了表演，这就是沉浸式体验的核心。”陈心龙也说道，每个外场服务生都有绝对的权力发挥自己的创意。“创意拥有无限可能，我们提高自由度，他们就能扮演好我们赋予的角色任务。”

在table for ONE，会有非常多的客人和服务生产生有趣的互动：有的服务生自己组乐高，写纸条说他想载客人去兜风；有的服务生则会写些奇怪的问题，如果客人回答了就送一杯小饮料。这让两家餐厅始终保持相当高的关注度。

自我定位展演空间，
预先保留变换弹性

无光晚餐和table for ONE都在同一个地点开店，针对位置的选择，陈心龙认为由于客源是预约客为主，过路客为辅，因此只要在市区交通便利之处即可。因为团队里没有专职设计师，所以所有的空间设计或平面设计都是外包。空间定位为如表演剧场般，可随着每档计划的内容改变，设计师因此用具有弹性变化的隔间取代固定的结构，利用材质呈现出氛围质感。“现在我们比较像是在经营一个‘有厨房的表演场域’，怎么替换里面的内容、时间档期怎么安排，都是关键。”

翻转游戏规则
——线上预售、海外授权

陈心龙和我们分享无光晚餐的第二季最新主题：“Key Slogan（关键口号）是《小王子》里的一句话：‘重要的事情眼睛是看不见的，用心才看得见。’由这个核心论述延伸出8个我们认为重要的价值，接着去做科学、社会学、心理学等的研究，再讨论发展成实际的菜单。”

G、H 每一次的体验设计，都像在规划一场表演，故团队也会因应主题设计情境视觉，通过网上分享发酵，引起讨论，触及更多可能的客群，此为table for ONE的形象照片。

I 无光晚餐入口接待处，借由4张小海报的视觉图像，提醒来者：“你准备好进入黑暗了吗？”

越脱离商业包装，越纯粹的内容跟创意，人们越愿意分享。

第二季的体验还有待市场的回馈反映，让人好奇的是，惊喜制造这次又给自己设立了什么样的新目标？“今年和明年的目标，是测试众筹预售。做这件事情有点像是game changing（改变游戏规则）。以往体验形式会被认为非常难预售，因为没有人知道那是什么。而且体验型式商品也很容易被复制。”经过前两件体验提升了知名度，无光晚餐第二季在募资平台上线后，很快就完售前两个半月的座位。

客人回馈及预售成果鼓舞了整个团队，让他们确定自己正在做的事是对的，并且更清楚未来的规划——让一个好的创意，运用自己的经验，在最现实市场中接受考验并生存下来。

陈心龙说出他对现况的观察：“台湾目前展览跟活动的情况是，厉害的设计师想自己做原创体验，但成本可能太高，或不具备营销、商业规划、周边商品的贩售、物流、现金跟后续海外授权的经验跟能力。所以我们接下来的计划是希望用预售方式。一部分做惊喜制造自有品牌原创体验，另一部分提供产生原创体验需要的相关服务。结合惊喜制造品牌跟其他原创体验，共同推出新的内容成为IP（知识产权），最终希望把整套原创体验输出到国外。”

创业人脉最重要，补助资源帮忙站稳脚

惊喜制造的渐入稳定，让陈心龙对台湾创业环境和市场有了信心，他认为人们对新概念的东西拥有一定的接受度。当然也有批评的声音。团队一开始也沮丧，但

惊喜制造 Surprise Lab. 三大特色

01

锁定中阶、勇于尝鲜的女性客群，颠覆既定餐饮服务的形态，以“沉浸式”体验结合精致料理设计，提供更多品尝美食与感受人生的方式。

02

挑战市场的销售规则，以线上募资预售模式，一次推出一个季度的时间表，如预购表演节目票券，借由口碑营销，让“无法预测的饮食体验”成为市场认同、可获利的商品。

03

赋予外场人员更高的工作自由度，提供有趣的互动服务，和每一组体验客人擦出不同火花，使餐厅拥有无可取代、独一无二的体验价值。

经过table for ONE计划，发现大部分的人心胸是开阔的，转而思考如何感动这些人，从而慢慢影响更多人，将好的价值推广出去。

一路受过各种帮助，他的切身体会是：“我觉得创业到现在，最难的不是你不会，而是你没有人可以问。最好先去相关公司或职位待几年，累积到人脉再创业。”说到创业中最实际的资金，他力荐创业者尝试申请政府机构的各种补助。“政府跟民间有非常多资源是愿意资助创业者的，可以多找不同渠道跟资源，就算金额不多也是有力的后援。”这也是他们的信念：能生存，走对的路，做认为对的事，制造惊喜，让生活不无聊。

惊喜制造 Surprise Lab. 团队成员。